1000 Gartentipps

Die besten Tipps für Garten, Balkon und Terrasse

1000 Gartentipps

Die besten Tipps für Garten, Balkon und Terrasse

NGV

Coverabbildung: dpa, Frankfurt am Main
Gesamtherstellung: Naumann & Göbel
Verlagsgesellschaft mbH, Köln

ISBN 3-625-53018-X

www.naumann-goebel.de

Liebe Leserinnen und Leser,

den Gärtnern gelingt es immer: Samen werden sicher zum Keimen gebracht, Stecklinge bewurzeln sich, Blüten gehen auf, Früchte reifen, Pflanzen gedeihen und stehen in schönster Blüte. Ein Wunder ist das nicht, denn sie kennen unzählige Tricks, die der bekannte Autor erfolgreicher Garten- und Pflanzenbücher, Joachim Breschke, für Sie zusammengetragen hat. Kaum jemand kann sich all die »grünen« Rezepte merken und schon gar nicht die zahlreichen neuen Methoden, die bewusst auf Chemie verzichten und durch ihre Natürlichkeit ebenso unbedenklich anzuwenden sind wie so manches lang erprobte Hausmittel. Mit seinen altbewährten und brandneuen Kniffen wird dieses Büchlein daher für jeden Garten- und Pflanzenfreund zu einem unentbehrlichen Ratgeber für seinen Garten Eden.

Viel Vergnügen beim Lesen und vor allem einen grünen Daumen!

Inhalt

Im Grünen wohnen

Die besten Tipps
für Zimmerpflanzen

Saubere Zimmerluft

Topfpflanzen reinigen die Atmosphäre. Es ist wissenschaftlich unbestreitbar nachgewiesen, dass die Echte Aloe 90 % Formaldehyd aus der Zimmerluft filtert, die Grünlilie 86 %. Efeu baut bis zu 90 % Benzol ab, die Efeutute bis zu 75 % Kohlendioxid.

Allerdings müssten die Wohnräume flächendeckend mit Grünpflanzen voll gestellt sein, um eine messbare Reinigungswirkung zu erzielen. Da ist es weit sinnvoller zu lüften und einen Luftbefeuchter aufzustellen.

Großer Glanz von innen

Damit die Blätter glänzen, werden immer wieder Hausmittel wie Glyzerin und Speiseöl, Bier und Magermilch empfohlen. Alle Blattglanzmittel sind mit Vorsicht zu genießen, weil sie die Poren verstopfen, selbst wenn sie verdünnt werden. Außerdem scheinen einmal geputzte Blätter viel schneller als normal nach neuem Blattglanz zu verlangen.

Glänzen Pflanzenblätter heller als von Natur aus, wirkt das unnatürlich und keineswegs attraktiver.

Der wahre Glanz kommt von innen, wenn die Pflanzen gut genährt sind; ausgenommen sind Fettpflanzen und Buntblättrige, die dann ihre hübsche Zeichnung verlieren.

Baden unter Palmen

Für viele Topfpflanzen herrscht im Badezimmer das ideale Treibhausklima. Die warme Luft vertragen im Winter einige Begonien, Binsenkaktus, Bubiköpfchen, Crossandra, Dreimasterblume, Fensterblatt, Fingeraralie, Fittonia, Gliederkaktus, Guzmania, Haarfarn je nach Art, Heliotrop, Klimme, Kokospalme, Lanzenrosette, Nesselschön (*Acalypha*), Sansevierien, Schiefteller, Silberbäumchen, Streifenfarn, Wachsblume, Zierspargel, Zwergpfeffer und Zypergras.

Wie im Regenwald

Viele tropische Zimmerpflanzen leben auf, wenn sie täglich ein- oder zweimal nass gesprüht werden wie im heimischen Regenwald.

Das lässt sich am besten beobachten bei Anthurien, Aphelandra, Beloperone, Bromelien, Buntnessel,

Calathea, Dipladenie, Drachen- und Gummibaum, tropischen Farnen, auf Bäumen lebenden Kakteen, Maranten, Orchideen, Scindapsus, Tillandsien, Wunderstrauch, Zebrinen und Zypergras.

Wechselbäder

Besser als gleichmäßige Feuchtigkeit im Wurzelballen bekommen vielen Topfpflanzen ein paar trockene Tage und danach ein Vollbad in weichem Wasser.

Heimische Moorbeetpflanzen wie Azaleen sollen jede zweite Woche einmal eine ½ Stunde bis zum oberen Topfrand ins Wasser gestellt werden. Danach wird 2 Tage nicht mehr gegossen.

Schwertfarn wird überhaupt nicht gegossen, sondern regelmäßig in lauwarmes Wasser getunkt, so dass der Ballen nicht austrocknet.

Andere wie der Saumfarn brauchen nur ein Fußbad im Monat. Geweihfarn wird einmal in der Woche etwa 10 Minuten lang bis über die Mantelblätter ins Wasser gestellt.

Tillandsien, die wurzellos aufgehängt sind, werden täglich für eine kurze Zeit in abgestandenes Wasser getaucht. Dasselbe gilt für viele Aufsitzer (Epiphyten) aus den Regenwäldern.

Abstauber

Beim Tunken wird unter der Brause mit sanftem Strahl der Staub von den Blättern gespült. Ein weicher Schwamm und lauwarmes Seifenwasser lösen hartnäckige Auflagen, eine weiche Bürste die Woll- und Schildläuse in den Blattwinkeln. Damit das Seifenwasser nicht in den Ballen dringt, hält man den Topf schräg nach unten oder steckt ihn in eine Plastiktüte.

Trockene Blätter

Ausgenommen vom Sprühnebel werden alle Topfpflanzen mit weichen, dicht behaarten Blättern, auf denen sich das fein verteilte Wasser längere Zeit hält. Sie faulen, wo Tropfen zusammenlaufen und stehen bleiben.

*

Fleckenwasser

Nachteilig ist hartes Leitungswasser auf den Pflanzenblättern, weil es einen grauen Kalkbelag oder Flecken hinterlässt.

Zurückgebliebene Spuren müssen mit einem weichen Lappen behutsam abgewischt werden.

Kälteschock

Sprühwasser wird vorher auf 20 °C erwärmt, für tropische Gewächse stets über Zimmertemperatur. Damit kein Wasserschaden auftritt, legt man nur einen hauchdünnen Nebel über die Blätter.

Schädlinge abwaschen

In vielen Fällen dient reines Wasser als voller Ersatz für Pflanzenschutzmittel; denn die meisten Schadinsekten vertragen es nicht, täglich mehrmals unter Wasser gesetzt zu werden.

*

Mit dem Feuchtemesser

Elektronische und einfachere Feuchtemesser geben nur dann einen wirklich zuverlässigen Anhaltspunkt, wenn bei jeder einzelnen Pflanze der jahreszeitlich durchaus wechselnde Wasserbedarf tatsächlich berücksichtigt wird.

Ihren wahren Wasserdurst zeigen die Topfpflanzen daran, wie schnell es geht, bis der Erdballen deutlich sichtbar trocken geworden ist. Ist das täglich mehr als einmal der Fall, muss umgehend in ein größeres Gefäß umgetopft werden.

Nicht versumpfen

Es genügt dabei nicht, auf die Oberfläche zu sehen; schon fingerbreit darunter kann es nass genug sein. Im Zweifel den Trockentest machen: Nicht gießen, bis erste Welkezeichen auftreten. Bei völlig normalen Pflanzen hat es außerhalb des Wachstums 18 Tage gedauert, bis das erkennbar wurde.

Am besten gießt man morgens, damit die Feuchte bis zum Abend wieder etwas getrocknet ist.

Weiches Wasser

Hartes Gießwasser wird weicher und weniger kalkhaltig, wenn man es abkocht oder einfach nur lange genug stehen lässt. Dabei verflüchtigt sich zugleich das Chlor.

Dieselbe Wirkung hat 1 Messerspitze Superphosphat auf 1 l Wasser, ein- oder zweimal die Woche.

Kommerzielle Weichmacher in Tablettenform, die mit dem Farbton des Wassers anzeigen, ob sich der Kalk gesetzt hat, sind giftig. Wo Tiere und Kinder im Haus sind, muss der Behälter also verschlossen aufgestellt werden.

Weitgehend nutzlos sind Eierschalen im Gießwasser; denn ihr Kalk löst sich nicht. Der minimale Stickstoffgehalt aus den Eiweißresten wird mit stechendem Geruch bezahlt.

Salzwasser macht aktiv

Handfilter für Gießwasser werden in angewärmtem Salzwasser wieder aktiv gemacht, so dass sie für eine nahezu unbegrenzte Zeit verwendbar bleiben.

Keine nassen Füße

Überflüssiges Wasser aus dem Untersatz muss spätestens nach einer ½ Stunde abgegossen werden. Drei Stäbchen im Untersatz halten den Topf aus dem durchgelaufenen Gießwasser.

Nicht ins Herz

In den Untersatz oder Übertopf werden alle Zimmerpflanzen gegossen, die keinesfalls nass werden dürfen, wo die jungen Triebe und Blätter herauskommen wie bei Usambara- und Alpenveilchen und vielen anderen Zwiebel- und Knollenpflanzen.

Verstopfung

Bleibt der Untersatz oder Übertopf nach dem Gießen trocken, ist das Abflussloch des Blumentopfs zugewachsen oder verstopft. Der Ballen muss herausgenommen, die Abflusslöcher müssen freigemacht und mit einer übergelegten Tontopfscherbe vor dem Zuwachsen geschützt werden.

Tee oder Selters

Kostbare Topfpflanzen, die wasserempfindlich sind, lässt man ein kleines Schlückchen klaren Sprudel trinken, der vorher seine Kohlensäure verperlt hat. Alpenveilchen und andere genießen lauwarmen schwarzen Tee, der nicht zu lange gezogen hat und verdünnt ist.

Ein Rest Bier im Gießwasser macht Blumen froh; denn es sind einige Spuren von Nährstoffen darin enthalten.

Topfpflanzen wachsen und blühen gestärkt, wenn dem Gießwasser ungesalzenes Kartoffelwasser zugefügt wird.

Gurkenglas und Joghurtbecher

90 % unserer Zimmerpflanzen wachsen gut in reinem Wasser, sogar Kakteen und andere Sukkulenten. Das ist besonders nützlich, wenn man oft verreist oder regelmäßiges Gießen aus anderen Gründen schwierig ist.

Die meisten lassen sich sogar von Erde auf Hydrokultur umstellen, solange sie noch jung und gesund sind.

Alle Pflanzen, die auf Hydrokultur umgestellt werden, bekommen in den ersten 2 bis 3 Wochen reines, abgestandenes, angewärmtes Wasser.

Erst nach 5 bis 6 Wochen gibt man die lebensnotwendigen Nährstoffe als Hydrosalze in ausreichender, ausgewogener Konzentration hinzu, meist eine Messerspitze, also 1 g je Liter.

Fortschrittlicher sind Nährstoffgaben aus Ionenaustauschern, die für eine volle Wachstumsperiode ausreichende Mengen langsam abgeben. Zugleich saugen sie aus dem Wasser alle für die Pflanzen nachteiligen Salze.

Für die Wasserkultur muss man keine kostspielige Einrichtung kaufen. Es genügt jedes Glasgefäß mit weiter Öffnung, etwa von Konfitüren, Pulverkaffee oder Gurken.

Darauf setzt man einen passenden Joghurtbecher, der durchlöchert und mit Kies oder Splitt gefüllt wird.

Der Wasserstand im Gefäß darf nicht so hoch sein, dass der empfindliche Wurzelhals dauernd feucht ist. Da Wasser an den Wurzeln hoch kriecht, sollte es möglichst niedrig stehen.

Ganze Pflanzengruppen kommen mit 20 mm Pegelstand zurecht, manche Farne vertragen kaum 10 mm, Orchideenwurzeln, die sehr leicht faulen, sollten am besten überhaupt nicht ins Wasser hängen.

In der Wachstumsruhe wird der Wasserstand abgesenkt und jegliche Nährstoffgabe ausgesetzt.

Mach mal Pause

Kakteen und die meisten anderen ausdauernden Blütenpflanzen blühen nur, wenn ihre jeweils arteigene Ruhezeit eingehalten wurde.

Die Ruhezeit darf nur langsam eingeleitet werden, indem allmählich weniger gegossen und nicht mehr gedüngt wird.

Flüssignahrung

Viel Wasser gehört zu jeder Düngergabe, denn es darf nie auf den trockenen Topfballen gedüngt werden. Erst wird gründlich gegossen, bevor die nahrhafte Salzlösung zu den Wurzeln darf.

Topfpflanzen brauchen Volldünger mit wenig Stickstoff, dafür mehr Blüten fördernde Nährstoffe in guter Mischung; denn es kommt ja gerade darauf an, dass sie nicht zu wild wuchern.

Vorratsdünger wie Hornspäne und Knochenmehl haben eine gewisse Langzeitwirkung, bieten aber nur Stickstoff.

Besser sind die Flüssigdünger oder verflüssigte Düngesalze, von denen man mit 50 g auf 1 l Wasser eine Stammlösung herstellt. Um daraus eine 0,1%ige Lösung herzustellen, müssen 1 l Gießwasser 20 cm^3 zugefügt werden.

Ist kein Eichstrich passend auf dem Messbecher, wird mit nicht abwaschbarem Nagellack innen oder außen markiert, wie hoch der Flüssigdünger stehen darf.

Sollen Großpflanzen höhere Gaben erhalten, wird nicht die Konzentration im Gießwasser erhöht, sondern öfter als normal mit Volldüngerzusatz gegossen.

Am besten düngt man stets am selben Wochentag; zu Beginn der Wachstumszeit alle 2 Wochen. Nach 4 Wochen bekommen starke Wachser wöchentliche Nahrung.

Kakteen und andere Dickblattgewächse haben Sonderwünsche, die sich mit einer Tablette Spezialdünger erfüllen lassen.

Sparsamer gedüngt werden alle buntblättrigen Pflanzen, weil ihre Blätter die ausgeprägte Färbung und Zeichnung verlieren, wenn sie zu gut ernährt sind.

Nicht düngen!

Alle Pflanzen, die gerade umgetopft worden sind, müssen erst mit der frischen Erde verwurzelt sein, bevor sie etwas mit Düngerlösung anfangen können.

Ananasgewächse, Orchideen und einige Aufsitzer (Epiphyten) lässt man besser ungedüngt wachsen. Es gibt auch andere genügsame Arten, die mit dem auskommen, was die alljährlich erneuerte Erde mitbringt.

Ist das neue Substrat mit Nährstoffen angereichert, werden die Töpfe erst gedüngt, wenn das Wachstum nachlässt und daran zu erkennen ist, dass die Vorräte zur Neige gehen.

Neue Pflanzen düngt man erstmals, wenn ihnen anzusehen ist, ob sie Proviant mit auf den Weg bekommen haben oder nicht.

Erkrankte Pflanzen dürfen nicht mit Flüssignahrung aufgepäppelt werden. Erst wenn es ihnen wieder besser geht, wird mit geringen Dosen langsam wieder angefangen.

Nicht gedüngt werden alle eingetopften Küchenkräuter, die auf der Fensterbank getrieben werden.

Wenn Blütenpflanzen zögern zu blühen, kann es helfen, wenn man sie nicht düngt.

Zu den Wurzeln

Topfpflanzen zeigen sehr deutlich, ob die Zeit zum Umtopfen gekommen ist: Die Wurzeln wachsen oben heraus, wenige Stunden nach dem Gießen ist der Ballen knochentrocken, man sieht nur noch Wurzeln.

Solange die äußere Wurzelschicht gesund, hell wüchsig und nicht allzu dicht ist, bleibt der Ballen unversehrt.

Ist der Ballen außen herum von einem dichten, braunen Netz vertrockneter Wurzeln überzogen, muss sauber, bis ins gesunde Gewebe zurückgeschnitten werden.

Die Erde wird nur herausgespült, wenn sie versauert ist. Das riecht man. Man schüttelt die lockere Erde sorgfältig ab und schneidet von den Wurzeln alles weg, was beschädigt, faul oder abgestorben ist.

Wurzeln ziehen

Aus Plastiktöpfen rutschen die Ballen leicht heraus, wenn man sie umgekehrt auf die Tischkante klopft. Dabei hält man die Hand unter den Wurzelballen.

In Tontöpfen verwachsen die Wurzeln oft so fest mit der porösen Wand, dass sie eher abreißen, als sich davon zu lösen. Wenn eine Weile vorher nicht gegossen wird, lösen sich die Wurzeln etwas leichter von der Topfwand. Falls nicht, ist es immer noch besser, den Topf zu zerschlagen, als gute Wurzeln zu verlieren.

*

Einjährige freiwillig verabschieden

Einjährige Topfblumen nach ihrer Blütezeit weiter zu kultivieren, ist manchmal technisch möglich, aber meist nicht ratsam. Sie werden nie wieder so schön wie im ersten Jahr.

Wenn die Topfwand blüht

Neue Tontöpfe müssen vor Gebrauch 3 Tage lang gewässert werden, damit alle scharfen Säuren (vor allem Salpetersäure), die beim Brennen entstehen, ausgelaugt werden.

Die Topfwand soll mit Wasser gesättigt sein, bevor Erde eingefüllt wird. Von dem Augenblick an »atmet« sie nicht mehr.

Alte, bemooste, von hässlichen, kalkreichen Ausblühungen verzierte Blumentöpfe werden nicht weggeworfen, sondern mit harter Bürste in heißem Sodawasser abgeschrubbt, besser noch ausgekocht, dann sind sie wieder keimfrei und voll verwendungsfähig.

Verkalkte Blumentöpfe werden verblüffend leicht sauber, wenn man sie 2 Wochen lang ins Wasser legt, dem pro Liter 25 g Kochsalz zugesetzt sind.

Wo hartes Wasser aus der Leitung kommt, sind die Kalkausblühungen besonders hässlich und grau. Werden die Töpfe aber ab und zu mit Essigwasser abgewaschen und mit einem Ölläppchen abgerieben, sehen sie immer sauber aus.

Vorsicht Kakteen

Auch Kakteen müssen hin und wieder umgetopft werden, sonst wachsen und blühen sie nicht. Um sich vor den Dornen zu schützen, verwende man keine Handschuhe; sie wären innen bald Fakir reif.

Die einzige wirklich schützende und schonende Methode ist ein mehrfach gefalteter Streifen Papier, der mitten um den Kaktuskörper gelegt und an beiden Enden stramm festgehalten wird Mit einer Nebeldüse lassen sich die Dornen etwas einweichen, so dass sie nicht abbrechen.

Ist man dennoch gestochen worden, lässt man Wachs von einer brennenden Kerze darauf tropfen und löst es erkaltet vorsichtig mit dem Dorn aus der Haut.

Riesen klein halten

Zimmerpflanzen, die schnell zu groß werden, bekommen keinen größeren Topf. Ihr Wurzelballen wird mit einem scharfen Messer so zurückgeschnitten, dass er mit neuer Erde locker in den alten Topf passt.

Nach den Eisheiligen

Die Sommerfrische wird nach den Eisheiligen Mitte Mai bezogen. Für den Fall von Platzregen, Graupel- oder Hagelschauer liegt eine große Klarsichtfolie bereit, die die Pflanzen schützt.

Noch besser ist der Ferienort unter einer Baumkrone. Die Töpfe werden dort eingegraben, so dass sie an heißen Tagen erfrischend kühl und feucht bleiben.

Damit die Wurzeln nicht ins umgebende Erdreich hinauswachsen und im Herbst abgerissen werden müssten, gräbt man unter jeden Topf eine handbreite Vertiefung, die außerdem Regenwürmern das Eindringen erschwert.

Regenwürmer tauchen aus Blumentöpfen auf, wenn man diese 1 bis 2 Stunden unter Wasser stellt.

Ferienzeiten keine Durststrecke

Zimmerpflanzen werden an einer halbschattigen Gartenstelle in eine flache, spatenstichtiefe Grube gestellt, und eine durchsichtige Folie wird darüber gespannt.

Sind die Gefäße zudem in nassen Torf eingefüttert, können sie dort wochenlang ohne einen Tropfen zusätzliches Wasser auskommen.

Größere Topfgewächse stellt man um eine hochgestellte Wanne herum auf und leitet das Wasser über dünne Schläuche an Bimskegeln in den Topfballen.

Wasser aus der Plastikflasche

Eine Plastikflasche ohne Boden wird kopfüber in den Wurzelballen gebohrt. Aus dem Verschluss lässt man durch feine Löcher, mit heißen Nadeln gebohrt, gerade so viel austreten, wie laufend verbraucht wird.

Die Flasche wird an eine Blumenstütze gebunden, wenn sie gefüllt zu schwer wird. Auf diese Weise wird auch der flüssige Dünger zugeführt.

Pflanzgefäße am Tropf

Freilandpflanzgefäße brauchen an heißen Tagen mehrmals täglich Wasser; deshalb ist eine Tropfstelle an fest installierter Zuleitung die ideale Bewässerung. Das Wasser aus dem doppelten Boden wird mit saugfähigen Schnüren hochgezogen. Der Übertopf mit nassem Torf gefüllt, hilft ebenfalls über trockene Stunden hinweg.

Für warme Ferienwochen braucht man mehr als eine feuchte Schnur, die allzu leicht austrocknet.

Keine Samen ansetzen lassen

Verblühte Blumen werden abgekniffen, bevor sich der Ansatz zu einer Samenanlage bilden konnte; denn das kostet die Pflanze unnötig Kraft und hemmt den weiteren Blüheifer.

Zwiebel- und Knollenpflanzen müssen vor Samenansatz bewahrt werden, damit sie alle Aufbaustoffe für die nächstjährige Blüte einlagern.

Schädlinge gehen auf den Leim

Schädlinge auf Topfpflanzen dürfen nicht mit giftigen Spritzmitteln bekämpft werden. Über ihnen bringt man gelbe Folien, Stecker, Tafeln, Bänder oder Streifen an, die mit farb- und geruchlosem, biologisch unschädlichem Insektenleim bestrichen sind.

Den Leim kann man selbst herstellen: In 100 g kochendes Öl rührt man 230 g Kiefernharz (Kolophonium) so lange ein, bis es völlig gelöst ist.

Ist die Mischung kalt geworden, streicht man sie auf gelbe Plastikstreifen. Es hat sich gezeigt, dass fliegende Schädlinge stark von kräftig gelber Farbe angezogen werden.

Die Klebewirkung hält über Monate an. Man hängt die Fliegenfänger eine Handbreit über den Blättern auf oder legt sie mit der unbestrichenen Seite auf die Erde. Dann bleiben nicht nur fliegende, sondern auch kriechende Schädlinge hängen. Vorbeugend steckt man die ersten Klebestreifen im Frühjahr nahe zu den Pflanzen, die häufig befallen werden.

An höheren Pflanzen, die von Weißen Fliegen und Blattläusen angeflogen werden, hängt man die Stecker auf, damit sie näher an den befallenen Stellen sind.

Die Fangwirkung lässt sich verbessern, wenn die Pflanzen immer wieder vorsichtig geschüttelt werden.

Sind die Pflanzen bereits länger und stärker befallen, werden die nicht flugfähigen Larven und Eier der Schädlinge vorerst nicht betroffen. Doch meist dauert es nicht lange, bis sie ebenfalls anfangen herumzufliegen.

Im Freien soll man Stecker nicht anbringen, weil darauf zu viele nützliche Insekten hängen bleiben würden. Im Haus aber sind nur Weiße Fliegen, andere Schadfliegen, geflügelte Blattläuse, Käfer, Tausendfüßler und die Larven der Trauermücke betroffen.

Es sprießt aus Töpfen und Kästen

Die besten Tipps für Balkon- und Kübelpflanzen

Einjahresblumen in Altpapier

Über 100 Millionen Balkonpflanzen werden alljährlich mit ihren umweltfreundlichen Altpapiertöpfen eingepflanzt. Früh- und Sommerblüher, die in Gewächshäusern in Töpfen aus 100 % Altpapier herangezogen wurden, kommen komplett mit ihrem Papiertopf in die Erde.

Die Wurzelballen bleiben vollkommen unversehrt, weil sie nicht erst ausgetopft werden müssen. Sie wachsen ohne zu stocken weiter, weil ihre Umhüllung zu nahrhaftem Humus zerfällt.

Für einen Balkonkasten von 1 m Länge reichen vier oder fünf, für eine Schale von 30 cm Durchmesser drei bis vier Jungpflanzen.

Es kann auch direkt in Balkonkästen ausgesät werden. Das klappt bei Wicken, Kapuzinerkresse, Sommerastern, Duftsteinrich, Weißen Wucher- und Studentenblumen.

*

Tropfen wie Brenngläser

Wassertropfen auf den Blättern sollte man bei Sonnenschein vermeiden. Sie brennen schwarze Flecken in Blätter und Blüten.

An heißen Tagen trocknen Kästen und Kübel so schnell aus, dass zweimal täglich gegossen werden muss. Das geschieht nicht in den heißen Mittagsstunden, sondern stets morgens und abends.

Sind die Ballen völlig ausgetrocknet, würde das Gießwasser am Rand durchlaufen und die Fassade verschmutzen. Deshalb hilft in diesem Fall nur ein Vollbad in der Wanne.

Und immer düngen

Einmal in der Woche mischt man flüssigen Volldünger ins Gießwasser, und zwar stets nur 1 cm^3 in 1 l Wasser. Das ist bei fast allen Handelsdüngern eine Verschlusskappe.

Sollen starke Wachser mehr erhalten, wird die Dosis nicht erhöht, sondern öfter gedüngt.

Die dreifache Menge verbrauchen Balsaminen, Kleindahlien, Efeupelargonien, Fuchsien und Pantoffelblumen. Die vierfache Menge gibt es für Pelargonien (Begonien), Petunien und Zierspargel.

Saubere Blumen

Alle verwelkten Blüten müssen rechtzeitig ausgepflückt werden, damit sich keine Samen bilden. Das verzögert den Ansatz neuer Blüten. Petunien erschöpfen sich dadurch vor der Zeit und sehen unordentlich aus.

Einige einjährige Sommerblumen wie Wicken blühen überhaupt nicht weiter, wenn nur einmal Samen ausgereift sind.

Weg mit den Schädlingen

Wo Schädlinge auftauchen, sollte man nicht übereilt spritzen. Meist stellen sich alsbald Marienkäfer, Florund Schwebfliegen ein. Sie vertilgen im Nu ganze Blattlauskolonien.

Wer den lausigen Schaden vorbeugend vermeiden will, pflanzt Mottenkönig (*Plectranthus*), eine hübsche Balkonkastenblume, zwischen die erste Besetzung. Die kleine, rankende Pflanze vertreibt mit ihrem zarten, aber penetranten Geruch jede Laus.

Balkonpflanzen gießen sich selbst

Topf- und Kübelpflanzen saugen selbst die nötige Wassermenge aus Glasfasermatten, die sich seit Jahrzehnten im gewerblichen Unterglasanbau bewährt haben. Darüber wird eine Nadellochfolie gebreitet.

Ihren Nachschub erhalten sie, wenn ein schmaler Rand in ein Gefäß voll Wasser ragt. Es ist mit einem Schwimmerventil (wie die Wasserspülung) ausgestattet, das an einen Vorratsbehälter angeschlossen ist.

So kann der richtige Wasserstand immer wunschgemäß eingestellt werden und bleibt auf gleicher Höhe, ohne dass man sich darum kümmern muss.

Die Pflanzgefäße sind schwer genug, um das Wasser herauszupressen, wenn sie direkt auf die Folie gestellt werden.

Gläserne Leitungen

In Töpfe mit kleinen Löchern am Boden, Hohlboden oder Dränage, Blumenkästen und Pikierschalen drückt man von unten einen Glasfaserdocht hinein, dessen unteres Ende auf der Matte liegt. Das genügt, um Wasser oder Nährlösung aus der Matte zu saugen und in den Wurzelballen weiterzuleiten.

Glasfasern haben eine weit höhere Saugfähigkeit als Dochte aus Baumwolle oder Synthetikfasern. Sie werden entweder durch den Ballen oder seitlich daran vorbei gezogen. Harte Wurzelballen werden mit einer dicken Stricknadel aufgebohrt.

Die genau richtige Wassermenge wird mit der Anzahl der Dochte gesteuert. Wenn für wasserscheue Gewächse zu viel gesogen wurde, zieht man den Docht durch einen Trinkhalm aus Kunststoff, so dass seitlich kein Wasser abgegeben werden kann.

Dieser Strang wird an einer Ballenseite bis an die Oberfläche hochgeschoben, und je nach Bedarf werden mehr oder weniger dicke Faserbündel ausgebreitet und mit Erde abgedeckt.

Was zu viel ist, wird einfach abgeschnitten oder hängt, damit die Wassergaben an warmen Tagen erhöht werden können, über den Rand.

Die Balkon-Klassiker: Geranien

Balkongeranien (Pelargonien) waren bisher praktisch nicht aus Samen heranzuziehen. Das hat sich mit den neuen F1-Hybriden geändert, die schneller zur Blüte kommen.

Die Sorte »Sprinter« war als eine der ersten im Ziel. Sie trägt leuchtend scharlachrote Blüten, die sich einen vollen Monat früher öffnen, also ab Mai, wenn die Pflanzen in Balkonkästen gesetzt werden.

Von ihnen kann man zwischen August und Oktober Stecklinge schneiden, die bei 5 bis 8 °C bis zum Frühjahr aufgepäppelt werden.

Glanzlichter Petunien

Auf dem Balkon sind die neuen Petunien unersetzlich, weil sie auf die roten und blauen Unifarben früherer Sorten Glanzlichter setzen.

Die Blüten sind sternförmig, von der Mitte her weiß gestreift und umrandet, gewellt, gefranst und glattrandig an niedrigen, hoch wachsenden oder hängenden Trieben. Werden die alten Blüten täglich abgezupft, folgen neue bis zum Oktober.

Klarsichtfolie schützt Chrysanthemen

Chrysanthemen blühen im Balkonkasten vom Sommer an bis in den Dezember hinein, wenn man sie in den wenigen kalten Nächten unter einer Klarsichtfolie schützt.

Besonders lange halten sie sich auf Balkonen, die im Windschatten liegen. Dafür verlangen sie nichts als regelmäßiges Gießen.

Herbstastern erhalten

Wer seinen Bestand an Herbstastern für das nächste Jahr erhalten möchte, schneidet sie nach der Blütezeit auf ungefähr 15 cm zurück und topft die Wurzelballen dann einzeln in Töpfe mit Einheitserde.

In einem mäßig temperierten Raum bilden sich am Stängelhals frische Triebe, von denen die kräftigsten mit engem Abstand zwischen den Blattknoten im Januar und Februar als Stecklinge aufgeschult werden. Es werden immer drei zusammen in einen Topf gesteckt, der kräftig angegossen wird.

Sie bewurzeln sich am besten in einem ziemlich lockeren Substrat, das aus Lehm, Humus und Sand im Verhältnis 1:2:3 gemischt ist.

Erika für den Winter

Von Herbst bis Frühjahr blüht Erika im Balkonkasten. Nach der Blüte, vor dem neuen Austrieb, schneidet man sie auf die halbe Länge der Triebe zurück. Diese Maßnahme ist unvermeidbar, damit die Zwergsträucher nicht altern und verlottern.

Winterharte Fuchsien

Die reinen Fuchsienarten sind Halbsträucher aus Gebirgswäldern bis zu 3000 m Höhe. Es gibt deshalb auch hier neuerdings Arten, die sich unter Frostschutz für den Wurzelballen ganzjährig im Freien halten.

Alle modernen Balkonsorten stammen von der Scharlachfuchsie ab, einer der härtesten und zugleich zierlichsten Arten. Die meisten blühen von Juni bis zum Herbst mit unzähligen Blüten, und zwar im lichten Schatten.

Die humose Erde in den Balkonkästen wird reichlich gegossen und während des Sommers einmal wöchentlich flüssig gedüngt. Im Frühjahr stutzt man die überwinterten Pflanzen.

Aus Stecklingen, die im Herbst geschnitten werden, sind sie leicht zu vermehren. Erste Blüten an ihnen sollte man entfernen, damit die Jungpflanzen sich erst stärken können.

Kübelpflanzen wird es zu kühl

Ob es in der Nacht frieren wird, zeigt ein Thermometer, das abends mit einem nassen Lappen um das Quecksilber eine Weile durch die Luft geschwenkt wird.

Viele Kübelpflanzen überstehen einen ersten leichten Nachtfrost unbeschadet. Sie bereiten sich danach umso schneller auf ihre Winterruhe vor.

Die meisten tropischen Exoten leiden jedoch schon, wenn die Temperaturen knapp über dem Nullpunkt angelangt sind. Sie müssen rechtzeitig in einen hellen, kühlen Überwinterungsraum gebracht werden.

Frostfrei im Freien

Es gibt winterfeste Arten wie die Chilenische Araukarie und Japanmispel, die Feigen- und Granatapfelbäume, einige Palmenarten und -lilien, große Kakteen und andere Sukkulenten, Lorbeerbaum, immergrüne Magnolien, Oliven, Rosmarin und alle heimischen Obstarten.

Sie können im Freien überwintern, wenn sie ausgewachsen sind und spätestens seit dem Frühjahr in ihrem Kübel stehen. Wichtig dafür ist weiter ein wasserdurchlässiges, gut dräniertes Substrat, das nicht unter Staunässe leidet.

Sie müssen auf frostige Zeiten vorbereitet werden: Man rückt die Kübel dicht zusammen und baut mit Brettern um sie herum eine Art Kasten, der 20 cm höher und 50 cm breiter ist. Der Innenraum wird mit lockerem Material abgedeckt, so dass sich die Feuchtigkeit hält, aber nicht gefriert.

Rückschnitt ist Fortschritt

Die großen Kübelpflanzen wachsen zu schnell aus ihren Pflanzgefäßen heraus, wenn sie nicht alljährlich zurückgeschnitten werden.

Hat ihr Mitteltrieb die volle Höhe erreicht, muss die Spitze abgeschnitten (pinziert) werden. Der bisher aufsteigende Saft staut sich, die Knospen unter der Schnittstelle werden von Wuchsstoffen überschwemmt und treiben aus.

Dicht belaubte, kompakte Büsche entstehen, wenn von klein auf jeder junge Austrieb nach wenigen Blättern abgezwickt wird. So steigt aus einem langen, dünnen Zweig eine ganze Serie von Seitentrieben, die ebenfalls eingekürzt werden.

Das dauernde Stutzen verdichtet den buschigen Aufbau des Strauches, verzögert allerdings die Blüte. Deshalb hört man spätestens im April damit auf.

Umso wichtiger ist der starke Rückschnitt im Herbst. Dabei werden alle grünen, noch weichen Triebe, Blütenreste, Samenkapseln, Blätter an nicht wintergrünen Arten entfernt, damit sie nicht faulen.

Während der gesamten Überwinterungszeit muss deswegen weiter kontrolliert und weggeschnitten werden, was schwächlich oder kränklich aussieht.

Im Frühjahr ist trotzdem ein weiterer Rückschnitt nötig, damit der Austrieb gestärkt wird. Ein höherer Busch wird auf die Hälfte bis ein Viertel der Trieblänge des Vorjahrs gekürzt.

Starkwüchsige Pflanzen werden weniger zurückgeschnitten, ältere mehr als jüngere.

Die Krone aufgesetzt

Die Krone eines Hochstammes verliert drei Viertel des vorjährigen Zuwachses, damit sie dicht und rund bleibt.

Hochstämmchen kann man auch selbst ziehen, und zwar von: Bleiwurz, Bougainvillie, Buchsbaum, Eibisch (Hibiskus), Fuchsie, Gardenie, Hammerstrauch, Heliotrop, Kapaster, Kassie, Katzenschwanz, Lorbeerbaum, Myrte, Oleander, Pelargonie, Rosen, Schönmalve, Stechapfel, Strauchmargerite, Streptosolen, Wandelröschen, Zimmerhopfen und -zypresse.

Die Jungpflanzen werden an einem Stab festgebunden, der sie eine Handspanne überragt, und alle Seitentriebe aus den Blattachseln werden mit einer Nagelschere weggeschnitten. Die Blätter bleiben stehen.

Hat der Stamm im Frühjahr die richtige Länge erreicht, wird umgetopft und anschließend mit der Kronenerziehung begonnen. Zunächst bleiben in ihrem Bereich alle Seitentriebe stehen; sie werden gestutzt, sobald sie 7 cm lang sind.

Damit nur das Triebwachstum gefördert wird, düngt man den Sommer über wöchentlich mehrmals (je nach Wüchsigkeit) mit reinem Blattdünger.

Die fertige Krone wird laufend in Kugelform kurz gehalten.

Obst auf dem Balkon

Vor kurzem waren alle Obstarten auf dem Balkon exotisch. Echt exotisch sind noch heute Chinotto mit zahlreichen Mandarinen, der Kakibaum, Pistazien, Granatapfel und Jujube mit sehr süßen, vielseitig verwendbaren Früchten und schließlich die meisten

Zitrusfrüchte. Allerdings benötigt man für sie einen kühlen Innenraum zur Überwinterung.

Inzwischen sind viele schlanke Zwergbäume von Äpfeln, Birnen und Kirschen gezüchtet worden. Sie gedeihen ebenso gut in Kübeln wie als Spalier an der Hauswand.

Je größer ihr Kübel, umso höher wachsen sie zwischen 2 und 4 m. Sie tragen an kurzen, dornartigen Fruchtzweigen, die nicht geschnitten werden müssen.

Kletterbrombeeren ohne Stacheln gehen bis 4 m an der Wand hoch, wenn sie in tiefen, humusgefüllten Kübeln stehen, die ständig gleichmäßig feucht gehalten werden. Himbeeren sind im Kübel nicht sehr erfolgreich.

So hoch wie die Beerensträucher wird die Nektarine ›Nectarella‹ in sehr nahrhafter Erde. Sie ist ab August Ernte reif, und zwar sobald sich die Früchte ohne Druck leicht von den Zweigen lösen.

Strauchförmig wachsen Aprikosen der Sorte ›Polonais‹, wenn man sparsam mit Stickstoff düngt. Wegen der frühen Blüte tupft man die Blüten jeden zweiten oder dritten Tag mit einem feinen Pinsel ab. Die

Früchte werden so ausgedünnt, dass zwischen ihnen stets eine Handbreit Abstand liegt.

Als Strauch lassen sich auch Pfirsiche in Kübeln ab 80 l Inhalt ziehen. Sie verlangen gleichmäßige Feuchtigkeit im Wurzelbereich. Zu zahlreiche Früchte müssen ausgedünnt werden.

Als Beerenobst wählt man besser Hochstämme als Strauchformen, weil die Kugelkronen leicht so geschnitten werden können, dass die Leittriebe durchgehend mit kurzem Fruchtholz garniert sind.

Feigen sind gar nicht zimperlich

Vor einer windgeschützten Südwand unter einem Dachvorsprung können strauchförmig wachsende Feigen bei guter Pflege bis zu 6 m hoch wachsen. Einige Nachtstunden mit 12 bis 15 °C unter Null machen ihnen nichts aus.

Sind trotzdem einige Zweige abgefroren, treiben sie aus dem Wurzelstock umso kräftiger aus und hängen vom zweiten Jahr an wieder voller Früchte, wenn regelmäßig gewässert und gedüngt wird, solange die Triebe wachsen.

Ebenso wichtig ist es, jährlich auszulichten, um die Fruchtreife zu fördern.

Ruhig mal eine Krachmandel

Mandelbäumchen überleben als Ziersträucher den Winter im Freiland. Umso eher eine der Fruchtsorten wie die ›Dürkheimer Krachmandel‹.

Da sie nur von einer speziellen Gallwespe bestäubt werden, können hier nur Zuchtsorten gepflanzt werden, die ohne Bestäubung fruchten. Das sind Sorten des adriatischen Typs mit Namen wie ›Adriatic‹, ›Dottato‹, ›Fraga‹, ›Trojano‹.

Die alte französische Kultursorte ›Dauphine Violette‹ ist in deutschen Baumschulen als ›Große Julifeige‹ zu bekommen. Sie trägt ihre Haupternte im August und September, wenn sie frostfrei überwintert. Sie gedeiht also nur im Kübel.

Auch die winterharten Nordland-Bergfeigen und andere Freilandsorten sollten im Winter an der Hauswand geschützt werden. Wichtig ist vor allem, dass sie vor Frostperioden nicht trocken waren.

Äpfel frisch aus dem Topf

Gut für die Topfkultur eignet sich der Apfel ›Jonagold‹. Von dem mittelstark wachsenden Baum hängen die Fruchtäste seitwärts herunter, ideal fürs Spalier. Hohe Ernten tragen sie bei viel Sonne.

Als Pflanzgefäße eignen sich alle größeren Ton-, Kunststoff- oder Holzkübel über 10 l Inhalt, die einen Durchmesser von mindestens 30 cm aufweisen.

Die Jungbäume werden in eine bindig-humose Topferde gepflanzt, nachdem ihre Wurzeln auf 10 cm eingekürzt worden sind, damit sie die Topfwand nicht berühren. Alle Faserwurzeln bleiben unberührt.

Die Triebe werden zu einem waagerechten Schnurstock in zwei Stockwerken herangezogen. Dazu wird ein Lattengerüst in den Kübel gesteckt. Daran bindet man die Seitentriebe horizontal fest, so dass sich an ihnen reichlich Fruchtholz entwickelt.

Kiwis brauchen Hummeln

Die neuen wetterfesten Kiwis brauchen einen warmen, geschützten Platz auf dem Balkon, der nicht voll von der Mittagssonne getroffen wird.

Damit Früchte entstehen, muss zu drei bis zwölf weiblichen Sträuchern ein männlicher Pollenspender gestellt werden, der gleichzeitig blüht.

Die weiblichen Blüten sind vor allem auf Hummeln angewiesen, denn sie werden von anderen Insekten und dem Wind nicht ausreichend bestäubt.

Fehlt eine Pollenpflanze, kann anderswo eine männliche Blüte abgepflückt werden, mit der nach 1 bis 2 Tagen die weiblichen betupft werden.

Nach 3 Jahren wird so ausgelichtet, dass über der höchsten Frucht jedes Zweiges einige Blätter stehen bleiben. Lässt man die Triebspitze zu lang, bleiben die Früchte kümmerlich, da die Aufbaustoffe vorbeifließen.

Die ›Bayerischen Kiwis‹ werden nicht viel größer als Pflaumen, sind dafür aber schmackhafter und vitaminreicher als die Tropenfrüchte.

Peppinos

Als Balkon- und Ampelpflanze macht ein Nachtschattengewächs Karriere, dessen Früchte reif und frisch wie Birnen und Melonen schmecken, die Peppinos.

Die Jungpflanzen werden problemlos aus Stecklingen gezogen und blühen von März bis Oktober in 5-l-Töpfen, wenn sie ausreichend mit Stickstoff versorgt werden, das heißt zweimal wöchentlich flüssigen Volldünger erhalten.

Man sollte auch dafür sorgen, dass es nicht zu heiß wird in der Mittagssonne und die Luftfeuchtigkeit nicht zu tief absinkt.

Verlockend sind Melonen

Zu den kleinsten und feinsten aller Honigmelonen gehören die ›Charantais‹-Sorten mit aprikosenfarbenem Fleisch unter hellgrüner Schale. Sie sollten auf keinem Balkon fehlen.

›Honigtopf‹, ›Zuckerkugel‹, ›Netzmelone‹ und andere kleinfruchtige Melonensorten können Ende April in Einzeltöpfe gelegt werden, die mit humoser Erde gefüllt sind.

Darin werden sie vorgezogen, bis sie vier oder fünf Blätter gebildet haben, etwa Anfang Juni. Im Endtopf dürfen sie nicht tiefer stehen als bei der Anzucht, sonst droht Stängelfäule.

Die Triebe werden anfangs an Rankhilfen hochgebunden. Da sich am Haupttrieb nur wenige weibliche Blüten bilden, schneidet man diesen auf zwei bis vier Blätter zurück, sobald sechs oder sieben entstanden sind. Der erste oder zweite Seitentrieb wird ebenfalls gekürzt.

Die Blüten sind auf Bienen angewiesen. Auf dem Balkon kann es deshalb besser sein, von männlichen Blüten die Pollensäckchen abzuzupfen und damit die Narben der weiblichen Blüten zu bestreichen.

Das macht man an einem warmen Tag während der Mittagsstunden, weil Pollen und Narbe völlig trocken sein müssen. Schon nach wenigen Tagen zeigt sich, ob die Blüten befruchtet worden sind: Aus ihrem Blütenboden wölben sich kleine Früchtchen.

Sie können geerntet werden, sobald der Fruchtstiel so trocken ist, dass er einreißt.

Großmutters Erdbeerspinat

Zugleich Beerenobst und Zierpflanze ist der Erdbeerspinat. Früher wurden seine jungen Blätter als Gemüse gekocht oder als Salat zubereitet.

Als Balkonpflanze kann man ihn auch rein zur Zierde ziehen. Nach der Blüte erscheinen leuchtend rote, saftige Früchte, die wie Monatserdbeeren aussehen und ebenso schmecken.

Ausgesät wird er zwischen März und August, 3 bis 4 Monate dauert es bis zur Ernte. Die Samenkörner sollen 1,5 bis 3 cm tief im Abstand von 25 bis 30 cm liegen.

Sie brauchen 15 bis 20 Tage, um bei Temperaturen zwischen 10 und 25 °C zu keimen.

Salate sind das erste Balkongemüse

Alle Arten von Salat sind für den Balkon kästen geeignet, an erster Stelle Kopf- und Blattsalate.

Für die frühesten Sätze ist wichtig, dass die Jungpflanzen im Haus hell, luftig und selbst bei Sonnenschein nicht über 12 °C herangezogen werden.

Ein neuer Portionssalat für den Balkonkasten ist ›Sucrine‹ mit kleinen, festen Köpfen, die gerade für 1 bis 2 Personen ausreichen.

Die neuen Pflücksalate mit gekräuselten Blättern können schon 3 Wochen nach der Aussaat erstmals geerntet werden.

Das geschieht höchst behutsam und nur von außen, so dass die Herzblätter geschont werden.

Die gelben und roten Eichblattsalate sind spät schießende Spielarten von ›Salad Bowl‹, die gut schmecken und auch im Sommer hohen Ertrag bringen.

Zu einer neuen Generation von Pflücksalaten gehören die ›Lollo‹-Sorten ›Bionda‹ und ›Rossa‹ mit gelbgrünen und rosaroten Blättern in kompakten Rosetten.

›Red Sails‹ hat sich zu einer Art Eis-Pflücksalat entwickelt, der lockere, geschlossene, dunkelbraunrote Köpfe bildet, wenn, es auf dem Balkon sonnig ist.

Kurzkulturen im Kasten

Kurzlebige, schnell Ernte reife Gemüsearten wie Radieschen sind durchweg für den Balkonkasten geeignet.

In 4 bis 8 Wochen sind sie 3 cm dick, wenn die humose Erde gleichmäßig feucht gehalten und vor der Mittagshitze geschützt wird.

Für den Sommer wählt man großknollige Sorten, die nicht pelzig werden, wie ›Rondeel‹. Mitte August ist der letzte Aussaattermin, ausgenommen sind »Wohnzimmerradieschen« wie ›Rota SZ‹, die auf der Fensterbank schnell rot werden.

Sie brauchen eine 8 cm tiefe Schale mit frischer Einheitserde und alle 4 cm ein Samenkorn. Im Kasten werden 12 Körner auf 1 m gelegt.

Tomaten im Sack

Für hohe Gemüsearten auf dem Balkon braucht man große, schwere Töpfe, die nicht überall vorhanden sind. Das kann man sich sparen, wenn in einen flach gelegten Erdsack gepflanzt wird.

Man verwendet dazu Polysäcke und stanzt mit einer offenen Konservendose Pflanzlöcher in die oben liegende Breitseite. Einige kleinere Löcher, über die Unterseite gleichmäßig verteilt, sorgen für den nötigen Wasserabzug.

Vor dem Einpflanzen wird der Sackinhalt durchfeuchtet. Gedüngt wird mit voll löslichem Spezialdünger in schwacher Konzentration von 0,8 g pro Liter.

So können aus einem Sack 11 bis 12 kg Tomaten geerntet werden, weil darin die Sonnenwärme erheblich besser ausgenutzt wird.

Nach derselben Methode werden Gurken, andere Gemüsearten, aber auch Schnittblumen herangezogen; denn das gleichmäßige Substrat bietet den Pflanzen zusätzlich höhere Sicherheit.

Nach der Ernte kann man den Sackinhalt im Garten verwenden. Er ist zwar steif durchwurzelt, wenn die Tomaten ausgewachsen sind, aber das stört beim Untergraben kaum und bildet Humus.

Geschützt hinter Feuerbohnen

Kein anderes Balkongemüse vereint Schmuckwert und Küchennutzen so gut wie die Prunk- oder Feuerbohne.

Die ersten Hülsen sind nach 6 Wochen ausgereift und sollten behutsam gepflückt werden, bevor die Kerne unter der Schale fühlbar werden.

Lässt man sie weiter ausreifen, bringen die Pflanzen nur drei Etagen mit Früchten. Wird laufend rechtzeitig durchgeerntet, können es in guten Jahren bis zu zehn Stockwerke werden.

Damit sie so stark wachsen und reich fruchten, brauchen sie schnell löslichen Volldünger in einer Menge von 3 g Reinstickstoff auf 1 m Kastenlänge, das sind 30 g eines 10%igen Düngers.

Die Kalimenge in der Mischung sollte um 50 % höher, der Phosphoranteil um 33 % niedriger liegen. Diese Menge wird auf mehrere Gaben bis zur Blütezeit verteilt.

Statt Bohnenstangen aus Fichtenholz verwendet man Welldraht-Doppelstäbe, die kreuzweise gesteckt und oben mit Stahldrahtklammern verbunden werden. Ist das Gerüst an einer Seite mit der Hauswand oder dem Balkon einer Etage höher verbunden, hält es starken Winddruck aus.

Die Bohnentriebe schlingen sich mehrmals um den gewellten Draht, ohne abzurutschen. Trotzdem sind die rostfreien Stäbe im Herbst leicht vom trockenen Kraut zu befreien und Platz sparend zu verstauen.

*

Balkon als Kartoffelacker

Kartoffeln können in Eimern, großen Töpfen, Kisten, Tonnen, Fässern, ja selbst alten Autoreifen reifen. Kleinere Gefäße haben den Vorteil, dass sie früher belegt werden und im Haus frostfrei vorkeimen können. Die Mindestgröße liegt bei 10 bis 12 l für eine Saatkartoffel.

Sehr gute Erträge liefert ›Fortuna‹ mit ovalen, gelben, glatten Knollen. ›Jessica‹ bringt eine hohe Zahl rund- bis ovaler Knollen, die gelb und genetzt sind. Geringe Ansprüche stellt die Sorte ›Birgit‹.

Die Saatkartoffel wird auf die nur 20 cm hoch eingefüllte Erde gelegt, damit später je nach Triebwachstum nachgefüllt werden kann. Das vergrößert den Wurzelraum, an dem sich Knollen bilden. Autoreifen werden nach und nach übereinander gestapelt.

Die Erde wird früh morgens nachgefüllt, solange die Triebe noch senkrecht stehen.

Welkt das Kraut nach der Blüte, sind die Frühkartoffeln Ernte reif.

Kräuterduft belebt die Luft

Ein- oder mehrjährige Gewürz- und Heilkräuter wachsen leicht im Balkonkasten in Töpfen, Schalen oder Spankörbchen, die mit einer Folie ausgelegt worden sind. Zum Wasserabzug müssen ein paar Löcher hineingestochen werden.

Am schnellsten ist die Kresse fertig. Ihr Schnittgrün ist schon nach Tagen herangewachsen. Die Saatgefäße werden halbschattig aufgestellt; in der Sonne schießen sie zu schnell in Samen.

Ebenso wie Schnittlauch, Petersilie und andere Küchenkräuter wird auch Kerbel das ganze Jahr über frisch gebraucht. Die ersten Keimlinge erscheinen nach 2 Wochen, nach 6 bis 8 Wochen kann erstmals geschnitten werden.

Trotz ihrer Herkunft vom Mittelmeer ist die zweijährige Wurzelpetersilie winterhart und bleibt grün belaubt, solange es noch nicht allzu kalt ist. Sie stellt äußerst geringe Ansprüche, solange der Boden feucht, locker und nahrhaft ist.

Von Schnittpetersilie gibt es ebenfalls winterfeste Sorten, die unter Folie ganzjährig geerntet werden können.

Richtig scharf sind die krausen Blätter nur frisch geschnitten. Deshalb werden jeden Herbst ein paar Petersilienwurzeln eingelagert, ohne die innersten fünf oder sechs Herzblätter zu verletzen. Die Wurzeln dürfen eingekürzt werden, bevor man sie zum Treiben eintopft.

Schnittlauch treibt am besten aus Horsten, die nur einmal im August geschnitten wurden. Dann nimmt man sie heraus und lässt sie abtrocknen, bis die Halme vergilben.

6 bis 7 Wochen müssen sie ruhen, bevor man im Oktober das vertrocknete Laub abschneidet und die Wurzeln kürzt.

Die Stöcke treiben lebhafter, wenn sie leicht durchgefroren waren. Danach versetzt man ihnen einen Wärmeschock in einem Wasserbad von 40 bis 45 °C. Nach 8 Stunden topft man sie in Töpfe von 12 bis 14 cm.

Früh übt sich …

Die besten Tipps für Jungpflanzen und Pflanzenvermehrung

Samen selber sammeln

Alle einjährigen Sommerblumen müssen alljährlich neu ausgesät werden, die zweijährigen ebenfalls, nur bereits im Sommer zuvor.

Wenn sie Samen angesetzt haben, kann man sie sammeln und aussäen. Mühe- und kostenlos keimen sie und schießen kräftig ins Kraut. Nur ihre Blüten sind oft unansehnlich, weil die hoch gezüchteten Supersorten ihre guten Eigenschaften nicht an die nachfolgende Generation vererben.

Reine Arten, die oft ebenso schön sind, lassen sich dagegen problemlos aus selbst geernteten Samen vermehren.

Die Samenstängel mehrjähriger Blütenstauden kann man abernten und auf hellem Papier im Schatten luftig auslegen. Dort reifen sie nach, ohne vorzeitig auszufallen, können getrocknet und in beschriftete Tüten abgefüllt werden.

Einige müssen sofort nach der Samenernte ausgesät werden, weil sie im nächsten Jahr nicht mehr keimfähig sind.

*

Eiszeit für die Samen

Andere brauchen Frosteinwirkung damit sie im nächsten Frühjahr keimen. Zu den Kühlkeimern gehören mehr als 50 Arten, so Adonis, Christrosen, einige Disteln, Eisenhut, Enzian, Primelarten, Tränendes Herz.

Ist es draußen nicht kalt genug gewesen, hilft man sich mit einem Kühlschrank. Die Eiszeit sollte hier mindestens 4 Wochen dauern.

Der Kälteschock und das ebenso plötzliche Auftauen im warmfeuchten Klima lässt die Samen erfahrungsgemäß besonders gleichmäßig auflaufen.

Sammeln, säen, ernten

Die Samen von Ziersträuchern, vor allem von Koniferen und Obstgehölzen, müssen möglichst bald nach der Ernte in die Erde gelegt werden, damit sie nicht vertrocknen.

*

Hell oder dunkel

Lichtkeimer dürfen nicht abgedeckt werden. Dazu zählen Blaukissen, Begonien, Tausendschön, Pantoffelblumen, Flammendes Käthchen, Strohblumen, Lobelien, Hainblume, Jungfer im Grünen, Mohn, Portulak, Primelarten, Gloxinien, Skabiosen, Kreuzkraut.

Damit sie nicht auf dem Saatbeet vertrocknen, wird eine Scheibe oder Folie über die Gefäße gedeckt. Bei sehr feinem Saatgut kann man auf eine Abdeckung verzichten, wenn die besäte Fläche glatt mit einem Brettchen angedrückt wird.

Keimkraft verstärken

Die Hüllmasse aus keimfördernden Stoffen hat sich bei Pillensamen in der gärtnerischen Praxis bewährt.

Für den privaten Garten bekommt man Kleinpackungen unter anderem von Kohlarten, Kopfsalat, Möhren, Pastinaken, Porree, Rote Bete, Winterendivien, Zwiebeln.

Saatbänder aus leicht zersetzlichem, rückstandsfreiem Spezialpapier sind ebenfalls Keim fördernd unter einem aufgesiebten Substrat, das stets gleichmäßig feucht gehalten wird.

Sie müssen abgedeckt werden, weil es durchweg Dunkelkeimer sind. Das Sortiment umfasst viele Gartengemüse wie Endivien, Gurken, Kohlrabi, Kopfsalat, Porree, Sellerie, Schnittlauch und Tomaten, außerdem viele Beet- und Rabattenblumen.

Quick-Sticks fürs Gemüse

Die kürzesten Saatbänder sind die neuen Stecker, die wie breite Pappstreichhölzer aussehen. Sie bringen einzelne oder mehrere Samen auf einmal in die Erde, die von einer ausgestellten Lasche festgehalten werden. Sie müssen stets von ausreichender Bodenfeuchte umgeben sein.

Diese Quick-Sticks sind ideal für Einzelkornsaat in Anzucht- und Endtöpfen, wenn im Hausgarten nur wenige Jungpflanzen gebraucht werden.

Das Sortiment mit je 30 Stück in einer Schachtel umfasst die beliebtesten Gemüsearten wie Chinakohl, Eissalat, Kohlrabi, Kopfsalat, Möhren, Petersilie, Pflücksalat, Porree, Tomaten, Zwiebeln.

Auf die Erde kommt es an

Moderne Aussaaterden sind ebenfalls Keimhilfen, wenn der Spezialhumus mit Untergrundton und vulkanischem Gesteinsmehl gemischt wird.

Die naturfeuchten Substrate sind mit Haupt- und Spurennährstoffen angereichert und bleiben voll durchnässt locker.

Anzuchterden können außerdem mit Gesteinsschaum, Guano, Wurzelaktiv Agrosil LR und ausreichend Kalk keimfördernd gemacht werden.

Heißer Dampf

Damit sie schadstofffrei sind, werden sie 1 Stunde mit heißem Dampf abgekocht.

Die erdigen Bestandteile werden so zusammengestellt, dass sie vergießfest und speicherfähig sind; denn je seltener gegossen werden muss, umso sicherer sind die Keimlinge vor Grauschimmel und anderem Pilzbefall.

Geduld mit Keimproben

Saatgut keimt nie hundertprozentig. Mit Keimproben wird deshalb bestimmt, wie dicht ausgesät werden muss. Auf eine flache Schale legt man eine doppelte Lage Löschpapier. Die Samenkörner werden darauf gleichmäßig ausgebreitet, mit einer zweiten Lage abgedeckt und angefeuchtet.

Einige Gemüsearten müssen abgedunkelt werden, so Gurken, Salat, Schwarzwurzeln, Tomaten, Zichorien und Zwiebeln.

Die Samen dürfen nicht austrocknen, bis sie ausgezählt werden können. Sämlinge ohne Keimwurzel werden nicht mitgezählt.

Testen mit Zeitplan

Damit es schnell geht, stellt man die Schale bei etwa 18 °C auf. Die Wartezeiten für Gemüsesämereien sind unterschiedlich lang:

3 Tage: Radieschen und Gartenkresse.
10 Tage: Beifuß, Bohnen, Endivien, Erbsen Kohlarten, Kopfsalat, Kresse, Schwarzwurzeln, Zichorien.

14 Tage: Gurken, Kürbis, Melonen, Mangold, Porree, Rote Bete, Tomaten, Zwiebeln.
21 Tage: Bohnenkraut, Borretsch, Karotten, Kerbel, Kümmel, Pastinaken, Spinat, Thymian.
28 Tage: Feldsalat, Majoran, Melisse, Petersilie, Sellerie, Spargel.

Länger zu warten hat keinen Sinn; denn Langsamkeimer sind schwächer und anfälliger. Wenn 80 von 100 Samenkörnern aufgehen, ist das bei vielen Gemüsearten normal.

Große Samen sind fruchtbarer

Vor allem die gleichmäßige Korngröße verbessert den Ertrag. Unterschiede bis zu mehr als 100 % sind gewogen worden.

Es lohnt sich deshalb, großkörniges Saatgut abzusichern und so viele Jungpflanzen mehr heranzuziehen, dass man nur die größten auszupflanzen braucht.

Die stärkeren Setzlinge behalten ihren Vorsprung bis zur Ernte.

Apfelduft lässt Blüten blühen

Viele junge Topfpflanzen blühen früher, wenn man neben sie einen reifen Apfel legt und eine Plastikfolie darüber zieht. Die Reifegase der Frucht beschleunigen die Knospenbildung.

Warmes Saatbett für Sämlinge

Zimmerwärme reicht am Winterfenster oft nicht aus. Vermehrungswannen mit elektrischer Bodenheizung und Feuchte sicheren Heizdrähten sind daher empfehlenswert.

Verbesserte Modelle verfügen über automatische Thermostate und hohe Klarsichthauben mit Lüftungsöffnungen. In die Schale werden 3 bis 5 cm Sand gefüllt, um die Kabel zu schonen. Darauf werden die Anzuchtgefäße gestellt.

Warme Füße

Ideale Fußwärmer für Fensterbänke sind die Wärmespender, deren Flächenheizleiter ohne Drähte in Matten gegossen sind. Sie können weder brechen noch brennen.

Das macht sie hermetisch dicht, so dass sie selbst ins Wasser oder als Eisschutz auf den Gartenteich gelegt werden können.

Falls die Fußwärme nicht ausreicht, stellt man ein Heizrohr zwischen Pflanzen und Außenfenster.

Kleine Leichtmetallrohre von 3 cm Durchmesser auf niedrigen Füßen sollen jeweils so lang sein wie das Blumenfenster, damit es keine Frostlöcher gibt.

Mit Infrarotheizern ist jegliches Risiko für die Pflanzen ausgeschlossen.

Wie die Fische

Ist das Kleingewächshaus innen nicht geheizt, hilft in kühlen Räumen die Aquarientechnik mit Boden- oder Außenheizmatten, die genau die richtige Wärme für die Jungpflanzen abstrahlen.

Solche Matten kann man selbst passend zurechtschneiden und in Sand verlegen, da sie mit niedriger

Spannung betrieben werden. Ebenso lässt sich dafür leitfähiger Maschendraht verwenden.

Stauden aus Stecklingen

Ausdauernde, krautige Pflanzen bilden bis zum August die meisten Wuchsstoffe.

Deshalb sind die jungen, aber nicht mehr zu weichen Triebstücke am besten für Stecklinge geeignet.

Stecklinge schneidet man je nach Art 5 bis 10 cm lang über mehrere Augen (Knospen), damit Ersatz vorhanden ist, wenn eines nicht austreiben sollte.

Der Schnitt wird mit einem scharfen Messer unmittelbar unter einem Auge angesetzt, weil sich dort die meisten Wuchsstoffe stauen.

Einige Arten werden über einem Auge abgeschnitten, so die Triebstücke von Bartfaden, Chrysanthemen, Dahlien, Fuchsien, Heliotrop, Hortensien und auch Verbenen.

*

Geize nur abreißen

Sind die Seitentriebe in Blattachseln gesprossen (Geiztriebe), werden sie mit einem kurzen Ruck abgerissen oder ganz glatt ausgebrochen.

Sie werden nicht nachgeschnitten. Nur länger heraushängende Leitfadenbündel dürfen abgeknipst werden. So vermehrt man Bougainvillien, Geranien und Nelken. Das abgerissene Triebstück versucht, die Verletzung mit Wundgewebe zu verschließen. Dieses vermag viel Wasser zu speichern, so dass die Wunde schnellstmöglich zuwächst. Zugleich aber ist das teilungsfähige Gewebe der Ausgangspunkt für neue Wurzelbildung.

Warten auf Wurzeln

Stecklinge werden senkrecht gesteckt. Sind sie straff genug, geschieht das in lockerem Substrat ohne Vorbohrungen.

Angegossen wird nur, um dichten Bodenschluss herzustellen. Dabei dürfen die Blätter nicht unnötig nass gemacht werden.

Eine durchsichtige Abdeckung über der Steckschale hält das Substrat nach einer Wassergabe wochenlang feucht genug. Damit die Tropfen vom Kondenswasser nicht auf die Stecklinge fallen, wird die Abdeckung schräg gelegt oder gespannt.

Gegossen wird erstmals wieder, wenn sich kein Kondenswasser mehr unter der Haube bildet. Damit sich keine Krankheitskeime vermehren, muss täglich gelüftet werden.

Großpflanzen selbst vermehren

Nur große Blattpflanzen haben eine messbare Wirkung auf das Wohnklima. Da sie ausgewachsen sehr teuer sind, lohnt es sich, sie selbst zu vermehren.

Fensterblatt und Baumfreund haben als Kopf- oder Triebstecklinge in einem dunklen Steinkrug mit reinem Wasser bald einen dichten Wurzelbart.

Von Drachen- und Glücksbaum werden Stecklinge geschnitten, die sich in sandigem Substrat schnell bewurzeln.

Kopfstecklinge von Medinilla und Zimmertanne wachsen bei 25 °C und hoher Luftfeuchte unter einer Plastiktüte.

Die Kopfstecklinge der Birkenfeige lässt man erst etwas ausbluten und bremst dann den Milchsaft kurz mit einem Feuerzeug.

Stammstücke der Dieffenbachie mit je einem Auge (Knospe) werden flach auf die Vermehrungserde gelegt und treiben zuverlässig.

Bougainvillien vermehren sich am sichersten mit Rißlingen, das sind kleine Achseltriebe, die mit leichtem Ruck abgerissen werden.

Schwertfarn bildet Ableger, geteilt werden Flamingoblume und Schusterpalme, Dattelpalmen kann man aussäen.

Mutterpflanzen bestimmen

Mutterpflanzen für den Stecklingsschnitt müssen sorgfältig ausgesucht werden. Es kommt auch darauf an, von welcher Stelle ein Steckling geschnitten wird.

Stecklinge von Stauden mit hohlen Stängeln bewurzeln sich nie, wenn sie aus oberen Regionen entnommen werden.

Grundständige Stecklinge wachsen nur weiter, wenn sie aus oberen Regionen entnommen werden.

Stecklinge von weiter oben blühen früher und wurzeln schwächer.

Seitentriebstecklinge von Forsythien und einigen Koniferen (*Abies*, *Araucaria*, *Chamaecyparis*, *Picea*, *Taxus baccata* und *Thuja*) lassen keine kräftigen, aufrechten, runden Sträucher entstehen. Von diesen schneidet man nur Kopfstecklinge.

Beste Stecklinge

Stecklinge wachsen umso stärker, je besser sie mit Blattgrün versorgt sind. Viele buntblättrige Gewächse sind deswegen so gut wie gar nicht mit Stecklingen zu vermehren.

Stecklinge von der Sonnenseite sind immer besser bewurzelt als von Schattenpartien.

Von immergrünen Gehölzen und Koniferen nimmt man gut ausgereifte, verholzte Stecklinge im Spätsommer, wenn die Blätter oder Nadeln ihre Schutzschicht gegen das Verdunsten voll ausgebildet haben.

Schnittstellen

Triebspitzen sind besonders gut als Stecklinge geeignet, weil in ihnen das Wachstumsgewebe voll in Betrieb ist.

Koniferen werden soweit entnadelt, wie die Triebe in das Substrat gesteckt werden.

Stecklinge von langen Zweigen bewurzeln sich besser, wenn sie unten geschnitten werden, ebenso an Verzweigungen, Astringen, Knospen, Blattknoten, weil dort mehr Wuchsstoffe gespeichert sind.

Werden diese Staustellen leicht angeritzt, entstehen aus dem Wundgewebe schneller neue Wurzeln. Der Saftstrom kann vor dem Stecklingsschnitt auch angestaut werden, indem ein Draht stramm um den Zweig gebunden wird.

Weg mit dem Saft

Kakteen und andere Sukkulenten müssen an der Schnittstelle abtrocknen, bevor sie gesteckt werden. Sie sollten erst gesteckt werden, wenn sich erste Anzeichen neuen Wachstums zeigen.

Vorher werden sie gebündelt und senkrecht aufgestellt oder -gehängt, weil während dieser Zeit im Innern schon die Wurzelbildung an der unteren Seite anfängt.

Starker Fluss von Milchsaft oder Harz behindert die Wasseraufnahme. Er wird deshalb vor dem Stecken in lauwarmem Wasser abgespült. Es darf nicht heißer als 45 °C sein, sonst wird das Gewebe zerstört.

Milchsaftfluss wird gestoppt, wenn man die Schnittstelle kurz über eine Kerzenflamme hält. Das fördert zugleich die Kallusbildung, so dass schneller Wurzeln entstehen.

Triebe mit schwammigem Gewebe, das leicht fault, schützt man mit Holzkohlenpulver.

*

Blätter treiben Wurzeln

Voll ausgebildete Jungpflanzen sitzen auf Brutblättern und *Tolmiea* (Kindchen auf Mutters Schoß). Sie zeigen, dass auch Blätter vermehrungsfähig sind.

Blattstecklinge von *Aphelandra*, Chrysanthemen, Gummibaum, Pelargonien, Schamblume und anderen brauchen außer dem Blattstiel eine Knospe im Blattansatzwinkel.

Augenstecklinge von Citrusgewächsen und *Tolmiea* entwickeln sich allein aus der Knospe.

Von Gasterien und anderen Sukkulenten kann man ältere Blätter abschneiden, wo sie am stärksten sind, und trocknen lassen, bis sich Kallus bildet. Dann werden sie in feuchten Sand gesteckt.

Schildfarn bildet an Blättern Brutknöllchen, die im Oktober mit Blattansatz abgenommen werden. Sie wachsen in sandigem Substrat bei Zimmerwärme zu Jungpflanzen heran.

Das Usambaraveilchen treibt an Blattstielen in sandigem Substrat eine große Zahl kleiner Jungpflanzen. Sie müssen getrennt werden, sobald sie Wurzeln geschlagen haben.

Die steifen Blätter des Bogenhanfs werden in knapp fingerlange Stücke geschnitten, leicht angetrocknet in feuchtes Sandgemisch gesteckt. Gelbrandige Spielarten bleiben bunt, wenn man den grünen Mittelteil am unteren Ende bogenförmig ausschneidet.

Blätter von Blattbegonien legt man flach auf Substrat, nachdem man die Blattnerven an einigen Stellen durchgeschnitten hat.

Wurzeln treiben Wurzeln

Meerrettich und viele Unkräuter beweisen, dass auch augenlose Wurzelstecklinge Knospen bilden können, aus denen sich erst Blatttriebe und später neue Wurzeln bilden, während die alten absterben.

Junge Wurzelstücke neigen eher dazu, zur vollständigen Pflanze auszuwachsen.

Adventivknospen bilden sich leichter, solange das Wachstum über der Erde ruht, also im Winter.

Stecklinge aus Wurzelteilen werden senkrecht so tief in Substrat gesteckt, dass die Schnittstelle eben bedeckt ist; das untere Ende ist stets nach unten gerichtet. Um das nicht zu verwechseln, schneidet man oben quer, unten schräg an.

Beerenobst wird verbreitet mit Wurzelstecklingen vermehrt. Sie müssen fast so dick wie ein kleiner Finger und gut fingerlang sein. Gesteckt werden sie eine Handbreit tief.

Bei vielen Staudenarten geht es schneller als Stockteilung, wenn starke Wurzelstücke flach gesteckt und vorerst warm gehalten werden. Das geschieht bei Ochsenzunge, Königskerze, Edeldistel, Türkenmohn und vielen anderen.

Gehölze, die aus Wurzeln treiben, sind: Kastanie, Götterbaum, *Rhus*, *Robinia*, *Rubus*, Zierquitten und Beerenobst.

Im Frühbeet oder unter Folien, die den Boden etwa 15 °C warm halten, entwickeln sich Wurzelstecklinge von Aralien, Kreuzrebe, Trompetenblume und -baum, Schicksalsbaum, *Clerodendrum*, Daphne-Arten, Baummohn, Osagedorn, alle Passionsblumen und Surenbaum *Toona*.

*

Widerspenstige abmoosen

Wenn alles nichts hilft, lässt man die Ableger erst Wurzeln bilden, bevor sie von der Mutterpflanze abgetrennt werden. Biegsame Triebe senkt man zur Erde, unbeugsame umgibt man mit feuchtem Torfmoos.

Vorher wird der abwärts fließende Saftstrom gestaut, indem man den Trieb einkerbt oder einen schmalen Rindenring abschält. Häufig wird der Stamm halb durchgeschnitten und mit einem Steinchen oder Hölzchen gespreizt.

Bestreut man die Partie oberhalb mit einem Bewurzelungsmittel, fördert die Wundkallusbildung den Wurzelansatz. Die jungen Wurzelspitzen werden in Torfmoos feucht gehalten, das mit Folie umgeben ist.

Dazu nimmt man undurchsichtiges Material, weil sich im Dunkeln besser Wurzeln bilden, und bindet es erst unten, dann oben mit Klebeband dicht zu. Um zu sehen, ob es feucht genug darunter ist, schneidet man eine kleine Klappe hinein, die zugeklebt wird, wenn alles in Ordnung ist. Andernfalls wird nachgegossen.

Nach 1 bis 2 Monaten kann man das bewurzelte Triebstück abschneiden vom Gummibaum, *Aechmea*,

Cordyline, *Fatsia*, *Canistrum* und anderen Ananasgewächsen.

Knollen brauchen Augen im Kopf

Fleischig verdickte Wurzeln, Rhizome und Knollen vieler Zierpflanzen sind teilbar, wenn die Teilstücke »Augen im Kopf« haben.

Meist im zeitigen Frühjahr werden sie in sandiges Kultursubstrat gelegt und zwischen 20 und 25 °C warm gehalten.

Bilden sich vorher schon reichlich Brutknollen wie bei Gladiolen, lässt man die Mutterknollen unzerschnitten.

Nebenknollen werden unversehrt abgetrennt und in ein Saatbeet gesteckt, da sie meist nicht im ersten Jahr blühfähig auswachsen.

Die Scheinbulben der Orchideen sind eine Mischung zwischen Trieb und Knolle. Die schlafenden Augen können zum Austrieb gezwungen werden, wenn das unterhalb wachsende Rhizom geteilt wird.

Achsel- und Stängelblumen entstehen auf Lilienarten, *Dioscorea*, *Sparaxis*, Steinbrecharten; bei Montbretien an dünnen, aber festen Ausläufern; beim Blumenlauch *Allium* sogar im Blütenstand.

Zwiebeln sind unteilbar

Zwiebelgewächse lassen sich grundsätzlich nicht teilen. Sie bilden jedoch reichlich Brutzwiebeln, meist am Zwiebelboden neben dem Wurzelkranz.

Sie bilden sich umso zahlreicher, je früher die Blütenknospen abgeschnitten wurden. Sommerblüher bilden mehr Tochterzwiebeln, wenn sie früher gepflanzt und die Bodentemperatur unter Folie höher als normal ist.

Brutzwiebeln müssen abgenommen werden, nachdem die Mutterzwiebel ausgereift ist, sonst kann es passieren, dass die nächste Blüte stecken bleibt.

Doppelnasen der Narzissen dürfen keinesfalls getrennt werden, weil die dabei entstehenden Wunden schlecht heilen.

Zwiebeln, nicht aus Schalen, sondern Knoblauch, können in ihre Zehen zerlegt und wie Brutzwiebeln gesteckt werden.

Brutzwiebeln werden ab September bei 17 °C dunkel und luftdicht gelagert, bis sie nach 2 bis 3 Wochen trennreif sind. Erst wenn sie kräftige Wurzeln gebildet haben, werden sie in Substrat gesteckt und ohne Winterpause durchkultiviert, bis sie blühfähig sind.

Vermehrte Zwiebeln

Der Zwiebelboden lässt sich zu vermehrter Brutbildung zwingen, indem man einen Stern einschneidet, bevor ausgepflanzt wird. Das scharfe Messer wird nach jedem Schnitt in kochendes Wasser oder reinen Alkohol getaucht, damit es keimfrei bleibt.

Legt man die Mutterzwiebeln danach umgekehrt in Substrat, bilden sich längs den Wunden aus dem Kallusgewebe einige Brutzwiebeln.

*

Teilen heißt verjüngen

Alle rasen- oder rosettenartig wachsenden Stauden sind auf regelmäßiges Teilen angewiesen, damit sie nicht zu dicht werden und innerlich vergreisen, verkümmern oder absterben.

Alle mehrjährigen Pflanzen, die Ausläufer, Seitentriebe, Nebenpflanzen bilden, lassen sich in ihre Einzelpflanzen zerlegen.

Das geschieht bei frühjahrs- und sommerblühenden Arten nach der Blütezeit, aber nicht zwischen Mai und August, bei allen anderen zur gewohnten Pflanzzeit.

Die Stöcke werden ausgegraben, entweder auseinander gezogen oder geschnitten und in nicht zu kleine Teile zerlegt. Dabei vermeidet man den inneren Kreis, der kaum noch vermehrungsfähig ist.

Die Blätter werden eingekürzt und die Teilpflanzen wie normale Jungpflanzen in den vorbereiteten Boden gepflanzt.

Der Wurzelklumpen des Rhabarbers muss nach 8 bis 10 Jahren ausgegraben und in etwa 1 Kilo schwere

Teilstücke zerlegt werden, von denen jedes einzelne eine triebfähige Knospe behält.

Teilbar sind auch ausdauernde Küchen-, Tee- und Heilkräuter wie Estragon, Goldmelisse, Liebstöckel, Wermut, Zitronenmelisse.

Blüten am Stiel

Die besten Tipps für Schnitt- und Trockenblumen

Schnittblumen auf Gemüsebeeten

Bei Testkäufen sind bis zu 40 € für einen Blumenstrauß verlangt worden. Es lohnt also, sie statt billigerer Gemüsearten auf die Beete zu säen oder pflanzen.

Zwei speziell für den Schnitt gezogene Sorten sind die Staudengarbe *Achillea millefolium* ›Kirschkönigin‹ rot oder purpurrosé, 60 cm hoch, und *A. ptarmica* ›Perle‹ (Blaupunktsamen) mit dicht gefüllten, weißen Blütenbällen von Juli bis Oktober.

Für bunte Sommersträuße empfiehlt sich Ackerdill mit Sorten wie ›Vierling‹, 80 cm hoch, im April bei 12 bis 18 °C ausgesät, für schwere Böden ohne Dauernässe.

Sträuße von Einjährigen

Einjährig gezogen werden die großblumigen Spielarten der Grasnelke, die in lebhaften Farben von Mai bis Juli 60 cm hoch blühen.

Ringelblumen wie ›Nova‹ haben 7 bis 8 cm breite Blüten, innen dunkelbraun, außen orangefarben, in Sonne oder Halbschatten, wenn der Boden nicht zu trocken ist.

Sommerastern haben sich zu einem riesigen Sortiment von Schnittastern aufgefächert; sie sind so anspruchslos, dass späte Sätze direkt ins Freiland auf nahrhaften Gartenboden gesät werden können.

Der Hahnenkamm bietet für den Schnitt hohe Sorten bis zu 120 cm mit ›Kurume Scharlach‹ und der Schnittcelosie ›Halle‹. Sie lassen sich zwischen März und April in sonnigen Lagen auf schwach gedüngtem Boden säen.

Vorkultur unter Glas

Einjährige Flockenblumen (Kornblumen) brauchen zur Blüte ab Mai 4 Monate Vorkultur unter Glas.

Einjährige Wucherblumen liefern *Chrysanthemum carinatum*, *C. segetum* und *C. indicum*, Sommer- und Winterastern für den Massenschnitt, als Topf- oder Beetpflanze ausgesät ab Januar unter Glas, im Freiland ab April in sonniger Lage auf humosen Boden.

*

Direkt nach draußen

Schmuckkörbchen werden einjährig für den Schnitt gesät, und zwar ab Mai direkt ins Freiland auf humose, durchlässige Böden.

Einjähriger Rittersporn ist ein anspruchsloser Sommerblüher und in vielen Spielarten zum Schnitt geeignet.

Die Blaudole *Didiscus caeruleus* kann ab April oder Mai direkt ins Freiland gesät werden und blüht von Juli bis September.

Die einjährige Malerblume *Gaillardia pulchella* wächst auf Freilandbeeten rasch heran und passt großartig in Sommersträuße. Gesät wird Ende April direkt ins Freiland.

Auf langen Beinen

Zum Schnitt eignet sich die Atlasblume *Godetia* ›Azaleenschau‹ und ›Grace‹ mit dichten, rosa oder roten Blütenbüscheln auf 50 cm hohen Stielen; ausgesät im März.

Einjährige Riesensonnenblumen gibt es für die Vase nun auch vielblütig und kürzer, bis hinunter zu sehr guten Schnittsorten wie ›Teddybär‹ (›Dwarf Sungold‹), 40 cm niedrig, gefüllt und goldgelb.

Am schönsten ist die Purpurskabiose mit dicht gefüllten Blütenbällen von Juli bis September auf 90 cm langen Stielen.

Die Wicke wird als Vasenschmuck wegen der langen, starken Stängel und riesigen Blüten geschätzt. Die besten Zeugnisse erhalten immer wieder ›Zvolaneks‹ eine Zuchtklasse für sich, sowie die ›Cuthbertson-Wicken‹, weil ihre Blüten in vielen Farben jedes Wetter aushalten.

Unter den einjährigen Lupinen spielt *L. hartwegii* die beherrschende Rolle als Schnittblume. Sie wird bis zu 70 cm hoch mit großen, blauen Blüten, die kurz gestielt etwas wirbelig in langen Trauben stehen. In sonniger Lage, auf kalkarmen, sandigen Böden sind sie extrem anspruchslos.

Levkojen gehören zu den klassischen Schnittblumen des Gartens; deshalb gibt es eine Fülle unterschiedlichster Formen mit Trauben einfacher und gefüllter Blüten von reinem Weiß über Rosa zu sattem Rot, Blau und Lila für Sommer, Herbst und Winter.

Langzeitblüher

Der einjährige Sonnenhut hält sich lange in der Vase und in jedem Klima auf allen möglichen Gartenböden. Sie werden im März oder April bei knapp 20 °C ausgesät und nach den Eisheiligen sonnig und nahrhaft ausgepflanzt. Dort verzweigen sie sich gut bis zu 60 cm hoch.

Spezielle Schnittsorten von Studentenblumen sind die 70 cm hohen ›Riesen Perfecta‹ mit hellgelben und orangefarbenen Blüten bis 13 cm Durchmesser von August bis Oktober. Sie werden ab Februar bei 18 bis 24 °C unter Glas ausgesät, dünn und locker abgedeckt. Im Freiland brauchen sie volle Sonne auf durchlässigen und nahrhaften Böden.

Die Farbenpracht der eleganten Zinnien übertrifft die meisten Einjährigen. Im April legt man je 2 Samenkörner in einen kleinen Topf oder im Mai ins Freiland.

Zweijährige sind winterhart

Bis zum Herbst sind die zweijährigen Schnittblumen im Saatbeet soweit herangewachsen, dass sie an ihren endgültigen Standort umgepflanzt werden können. Schon ab August sind sie nicht mehr gedüngt worden, damit sie nicht im Wachstum vom Frost überrascht werden.

Marienglockenblumen halten sich in der Vase länger als die meisten anderen. Ihre Blüten hängen im Juni und Juli in lockeren Trauben weiß, rosa oder blau hinab.

Goldlack hat sich in Blütenform und -farbe bei neuen Züchtungen stark verändert. Sie werden im Herbst eingetopft, damit sie vor stärkeren Frösten leichter zu schützen sind. So kommen sie bei 8 bis 10 °C schon im Frühjahr zur Blüte. Nur in milden Gegenden überwintern die Jungpflanzen unter Frostschutz draußen.

Bartnelken werden ein- oder zweijährig zum Schnitt angebaut; denn sie brauchen bis zu 5 Monate, ehe sie Schnitt reif sind. Statt Namenssorten gibt es hier meist Mischungen aus zahlreichen Einzelfarben auf kräftigen, geraden Stielen, 40 bis 60 cm hoch.

Zuchtformen des zweijährigen Islandmohns sind für den Schnitt geeignet. Sie gedeihen am besten auf nahrhaften, durchlässigen, kalkhaltigen Böden an luftigen Stellen. Schnittreif sind die Stiele, nachdem die Knospenhülle aufgeplatzt ist.

Sonnenhut wird im Garten zum Schnitt meist zweijährig gezogen. Da die Samen nicht leicht keimen, mischt man sie mit angefeuchtetem Sand und legt sie 2 Wochen lang in den Kühlschrank zwischen 4 und 7 °C.

Staudensortiment grenzenlos

Die Zahl der bewährten Schnittstauden hat sich uferlos ausgeweitet, so dass nicht einmal mehr die wichtigsten mit Sortennamen vorgestellt werden können.

Sicheres Kriterium für die Auswahl einer Schnittsorte sind die Sterne der deutschen Staudensichtung. Schon ein Stern bedeutet Standardsorte, drei Sterne sind die höchste Bewertung.

Die meisten von ihnen sind so hochgezüchtet, dass sie nicht aus Samen vermehrt werden können. Jungpflanzen aus dem gärtnerischen Fachbetrieb sind die einzige Möglichkeit, sortenechte Hochzuchtstauden zu bekommen.

Da sie viele oder doch mehrere Jahre an ihrem Pflanzplatz stehen bleiben, muss der Boden nach ihren Ansprüchen gründlich vorbereitet werden. Zweckmäßiger allerdings ist es, die Stauden passend zu den vorhandenen Standortverhältnissen auszusuchen.

Großstauden, die zum Schnitt vorgesehen sind, müssen gestützt werden. Besser als Haltestangen und Schnüre sind Staudenringe aus Welldraht und Plastik, die überwachsen werden und kaum noch zu sehen sind.

Zwiebelblumen für ein buntes Treiben

Ideale Schnittblumen sind fast alle Zwiebel- und Knollengewächse, weil sie sich in jeder Jahreszeit mühelos zur Blüte treiben lassen. Es muss nur eingetopft, feucht gehalten und warm gemacht werden.

Das gelingt ohne jede Vorbereitung bei allen Frühlingsblühern wie *Amaryllis*, *Anemone*, *Begonie*, *Chionodoxa*, *Colchicum*, *Crocus*, *Erythronium*, *Fritillaria*, *Galanthus*, *Hyacinthus*, *Iris*, *Ixia*, *Lilium*, *Muscari*, *Narcissus*, *Puschkinia*, *Ranunculus*, *Scilla*, *Sternbergia*, *Tulipa* und *Zantedeschia*.

Zwiebeln im Vorruhestand

Alle größeren und späteren Treibzwiebeln brauchen eine Art Vorruhestand. Das geschieht bei niedrigen Temperaturen, die nach einiger Zeit den Eindruck vermitteln, der Sommer sei vorüber.

»Präparierte« Zwiebeln brauchen ebenso wie alle anderen einige Wochen, bis sich genug Wurzeln gebildet haben. Solange hält man sie kühl und dunkel im Keller, feucht genug, aber nicht zu nass.

So treibt die Zwiebel

An einer schattigen Stelle des Gartens kann man ein flaches Loch graben, etwa einen Spatenstich tief, und die bepflanzten Gefäße hineinstellen. Darüber schüttet man Erde oder Rohkompost und lässt sie etwa 12 Wochen lang stehen.

Auf dem Balkon stellt man Bretter um die Zwiebeltöpfe und füllt Blumenerde darüber, die im Frühjahr zum Umtopfen weiterverwendet wird. Damit wird verhindert, dass Frost an die Zwiebeln kommt.

Falscher Frühling

Etwa Anfang Dezember sollten Wurzeln genug gebildet sein. Um sicher zu sein, gräbt man einen der Töpfe aus und sieht sich den Wurzelballen an. Erst wenn der Ballen weiß umwurzelt ist, werden die zur Winterblüte angesetzten Zwiebeln ins Zimmer geholt.

Das geschieht keinesfalls plötzlich, sondern etappenweise. Sie kommen in ungeheizte Räume, wie Hausflur, Treppenhaus oder Schlafzimmer, bis sie sich an den unvermuteten Frühling gewöhnt haben.

Ritterstern blüht nur ohne Blätter

Winterblüher brauchen ihre arteigene Wachstumsruhe vor dem Knospenaustrieb. Der Ritterstern (»Amaryllis«) wird deshalb ab September trockengelegt, bis die Blätter verdorrt sind.

Geschieht das selbst bis Dezember nicht, werden die Blätter an der Ansatzstelle verdreht oder zusammengedrückt, damit sie anfangen einzuziehen.

Nützt auch das nichts, ist es besser, sie handbreit über der Zwiebel abzuschneiden, als die Zwiebel mit dem alten Laub neu ein zu topfen.

Wichtiger noch für die gute Blüte ist, dass die Zwiebeln mindestens einen Umfang von 26 bis 28 cm haben. Es gibt deshalb Importeure, die zur Treiberei ausschließlich Zwiebeln ab 32 cm Umfang einkaufen. Sie sind nur unwesentlich teurer, blühen aber ungleich üppiger.

Zum Vortreiben hat sich Einheitserde besonders bewährt; denn sie mildert die Wirkung des meist zu harten, kalkhaltigen Wassers. Dieses Substrat darf nicht fest angedrückt werden. Der Topf wird nur aufgestoßen und gut angegossen.

Die Wurzeln sind ausgesprochen lufthungrig, doch es genügt nicht, die Zwiebeln auf der Topferde aufsitzen zu lassen. Dafür wird die Pflanze zu schwer; sie muss wenigstens zu einem Drittel in der Erde verankert sein.

Brutzwiebeln müssen vor dem Eintopfen abgenommen werden, weil sie sonst die Blüte beeinträchtigen oder ganz ausbleiben lassen. Bis sie zur Blühreife herangewachsen sind, können ohne Trockenpause 3 bis 5 Jahre vergehen.

Pracht in der Vase

Die Sterngladiole öffnet in der Vase nacheinander alle Blütenknospen. Die duftenden Blüten stehen in zwei Reihen zwischen bis zu 100 cm langen Blättern.

Blumen- und Zierlaucharten wünschen volle Sonne für ihr außergewöhnlich reichhaltiges Sortiment an Kugelblüten. Die hohen Arten sind zum Schnitt für die Vase sowie zum Trocknen der Samenstände geeignet.

Das Maiglöckchen ist zu seiner Blütezeit eine der beliebtesten Schnittblumen. Heute kann man sie fast das ganze Jahr über kaufen, aber Vorsicht, so aggressiv gegen andere Blumen ist keine andere. Schon über Nacht hat sie alle umgebracht, die im gleichen Vasenwasser stehen.

Die klein- bis mittelblütigen Pompon- und Kaktusdahlien sind die besten Vasenblumen, wenn sie aufgeblüht geschnitten werden. Damit die Blüten größer werden, lässt man jeder Pflanze nur zwei oder drei Knospen, Achselknospen werden ausgebrochen.

Butterfly- oder Schmetterlings-Gladiolen blühen ebenfalls klein, elegant und zweifarbig auf. Von der niedrigen Colvillii-Gruppe ist vor allem ›Bride‹ bekannt geworden, weiß mit grünen Adern.

Gartenhyazinthen halten geschnitten in der Vase oft länger als getrieben im Topf. Sie bleiben bis zu 12 Tage frisch, wenn sie geschnitten werden, sobald sich die unterste Knospe öffnet.

Die Ismene mit den vielen Namen (Haut- oder Sommernarzisse, Prachtgilge, Narzissen- oder Spinnenlilie) blüht im Juni und Juli 30 bis 90 cm hoch, gelb oder grünweiß mit zwei bis sechs Blüten auf einem Stiel.

Die Schwertlilien gehören mit atemberaubender, orchideengleicher Blütenpracht zu den robustesten Gartenstauden. In der Vase halten die zahllosen Arten und Sorten durchweg lange aus. Allerdings sollte man keine Tischdecke unterlegen; denn ihr Blütenstaub ist extrem dauerhaft.

Keine andere Zwiebelblume bringt zur Osterzeit so leuchtende, starke und reine Farben in die Vase wie diese Amaryllisgewächse. Zusammen mit anderen Blumen in der Vase sind sie nur haltbar, wenn sie keinen Milchsaft mehr abgeben.

Alle Tulpenarten und -sorten sind in der Vase so lange haltbar und attraktiv, bis das letzte Blütenblatt abgefallen ist. Abgeschnitten wachsen sie in reinem Wasser weiter, biegen und winden die Stiele. Sie halten sich gerade, wenn sie in eine hohe Vase gestellt werden. Sie bleiben länger frisch, wenn man ihnen eine Pflanzennahrung mit dem Zusatz »T« ins Wasser gibt.

Verkrümmte Tulpenstiele werden wieder gerade, wenn man sie abends fest in Zeitungspapier einrollt und bis oben hin in lauwarmes Wasser stellt.

Das Leben nach dem Schnitt

Der richtige Schnitt kann das Leben der Blumen in der Vase verlängern. Am Morgen schneidet man Blüten, die voll geöffnet geschnitten werden: Chrysanthemen, Dahlien, Margeriten, Narzissen und andere.

Blüten, die in knospigem Zustand abgenommen werden, schneidet man besser abends, also Anemonen, Iris, Lilien, Milchstern, Mohn, Rosen, Tulpen.

Sie dürfen nach heißen Tagen nicht angewelkt sein; deshalb wird vorher gründlich gegossen, damit sie sich noch einmal richtig satt trinken können.

Bis zum Einstellen in die Vase trocknen die Schnittstellen und es dringt Luft in die Leitungsbahnen, die wie ein Pfropf wirkt. Sie müssen also neu angeschnitten werden, bevor sie ins Vasenwasser kommen.

Es ist nicht nötig, das unter Wasser zu tun. Es reicht, wenn die frisch angeschnittenen Stiele sofort nach dem Anschneiden an der Luft nicht mehr berührt werden.

Auf kürzeren Stielen halten sich die Blumen länger, weil das Wasser von der Schnittstelle eher oben ankommt. Dicke Stiele saugen besser als dünne.

Kritische Blätter

Blätter verdunsten mehr und saugen schneller Nachschub heran. Das ist jedoch nur günstig für langstielige Blüten, solange die Verdunstung nicht das schneller angesaugte Wasser übersteigt.

Will man auf die Blätter nicht verzichten, weil es schöner aussieht, stellt man die Blätter an blütenlosen Stielen extra in die Vase, meist an den Rand, und entfernt die Blätter von den Blütenstielen erst, kurz bevor die Blüten zu welken beginnen.

Soweit die Stiele im Wasser stehen, wird alles Laub abgestreift. In Blättern kann ein Hemmstoff enthalten sein, der die Gefäße verstopft.

Während der natürlichen Blütezeit ist der Hemmstoffgehalt am geringsten, bei getriebenen Blüten am höchsten.

Wenn die Pracht verblüht

Sind Schnittblumen welk geworden, erholen sie sich zumeist, wenn man sie über Nacht in Zeitungspapier einrollt und bis an die Blüten in lauwarmes Wasser stellt.

Werden die Vasen über Nacht kühler aufgestellt, kann das die Haltbarkeit der Blumen insgesamt etwas verlängern.

Reifendes Obst, brennende Kerzen oder starkes Rauchen beschleunigen das Verblühen.

Scharf anschneiden

Täglicher Wasserwechsel bringt nur etwas, wenn zugleich alle Stiele neu angeschnitten werden. Vor jeder neuen Füllung sollte die Vase heiß ausgespült werden.

Die Stängel werden nie mit der Gartenschere angeschnitten, um die Leitungsbahnen nicht zu zerquetschen und zusammenzudrücken.

Das passiert auch leicht, wenn das Messer nicht scharf genug ist und quer zum Stiel geschnitten wird.

Man schneidet nicht schräg, etwa um die Aufnahmefläche zu vergrößern. Wie viel Wasser käme mehr durch einen Schlauch mit schrägem Ende?

Holzige Triebe soll man nicht mit dem Hammer zerschlagen oder sonst zerfasern. Das vergrößert die Aufnahmefläche ebenso wenig. Damit zerstört man vielmehr die feinen Leitungsbahnen.

In die zerstörten Zellen dringen Bakterien und Pilze tiefer ein, die das Leitungsnetz endgültig verstopfen.

Mit Feuer und heißem Wasser

Pflanzenstiele, die Milchsaft enthalten wie Wolfsmilchgewächse und Mohn taucht man kurz in 50 bis 60 °C warmes Wasser oder hält die Schnittstelle kurz über eine Kerzenflamme.

Stängelausflüsse von Narzissen und Primeln schaden anderen Blumen in der Vase. Sie werden eine Zeitlang für sich ins Wasser gestellt, damit sie alle Schadstoffe absondern.

Kochendes Wasser macht die Stängeloberfläche poröser. Deshalb richten sich welke Blütenknospen wieder auf, wenn man ihre Stiele 15 bis 30 Sekunden in 90 bis 100 °C heißes Wasser stellt.

Chrysanthemen, Dahlien, Löwenmaul und Weihnachtsstern reagieren gut darauf, weniger Blumen mit weichen Stielen, wie Rosen und Flieder.

Für ein längeres Leben in der Vase

Hausmittel im Vasenwasser, die der Küche oder Hausapotheke entnommen werden, sind durchweg wirkungslos, wenn sie nicht sogar dafür sorgen, dass die Blumen früher verwelken, verblauen oder ihre Blütenblätter fallen lassen.

Das gilt für Zusätze, die fälschlicherweise immer wieder dafür empfohlen werden, wie Aspirin, Atropin, Glyzerin, Kopfschmerztabletten, Chinosol, Alkohol,

Kaliumpermanganat, Kampfer, Kochsalz, Kupfersulfat, Holzkohle, Soda, Säuren, Toluol, Xylol.

In Blumenfrischhaltemitteln (BFH) ist dagegen Zucker enthalten, der umso wirksamer ist, je wärmer es im Zimmer ist.

Zucker allein schadet

Stellt man Schnittblumen in reines Zuckerwasser von 3 bis 6 %, tauchen Nachteile auf, vor allem an Schnittblumen mit weichen Stielen, weil Zucker Fäulnis fördert.

Bei Alpenveilchen, Maiglöckchen und Ritterstern (»Amaryllis«) schnüren sich in süßem Wasser die Stiele ein, bis die Wasserzufuhr ganz unterbrochen ist.

Bouvardien, Gladiolen, Clematis und Flieder werden richtiggehend zuckerkrank, ihre Blätter vergilben, und die Blüten zeigen Verbrennungen.

In alter Frische

Besser sind deshalb Frischhaltemittel für Schnittblumen, die zugleich Fäulnis und Pfropfbildung im

Anschnitt unterbinden. In allen Versuchsreihen hielten sich die Blumen in Wasser mit BFH am längsten.

Das Wasser bleibt geruchlos und muss nicht mehr gewechselt werden. Zugluft schadet nichts, sondern fördert eher, weil mit der erhöhten Verdunstung mehr Blumennahrung in die höher gelegenen Teile strömt.

In den Blumen werden schädliche Stoffe abgebaut oder neutralisiert und der pH-Wert der lebenden Pflanze angeglichen.

Die Blütenfarben verändern sich nicht oder langsamer, Rosen verblühen so schön, dass sie bis zum Abfallen als Vasenschmuck ansehnlich bleiben.

Umsonst gedüngt

Blumendünger im Vasenwasser ist völlig wirkungslos, weil keine Pflanze diese Nährstoffe ohne Umwandlung und Verarbeitung durch die Wurzeln auswerten kann. Sie schaden dem Wasser zwar selten, nutzen aber gar nichts.

Einige Nährsalze haben sich in BFH günstig ausgewirkt, so Borsäure, Calciumnitrat, Harnstoff, Kaliumnitrat und Magnesiumsulfat. Doch das hat nichts mit ihrer Düngewirkung im Boden zu tun.

Kaninchendraht und Steckschaum

Damit die Blumen in der Vase genau in der gewünschten Richtung festgehalten werden, kann man normalen oder ummantelten Kaninchendraht zusammenknautschen und am Vasenrand einhängen.

Maschendraht kann auch flach in den Vasenhals gehängt werden. Dazu biegt man zwei Seiten eines Zipfels über den Rand, steckt den Strauß fest zwischen die Maschen und biegt die Aufhänger in die Vase zurück.

In flachen Schalen kann man eine moosartige Steckmasse aus pflanzenfreundlichem Harzschaum in Maschendraht einbinden, so dass er mehr aushält und nichts abbricht.

Für weniger kunstvolle Gestecke genügt es, die Vase halb mit nassem Sand zu füllen. Sauberer Sand verträgt sich mit dem Vasenwasser.

Viel Steine gab's

Schön gefärbte und geformte, manchmal in Alufolie oder Goldpapier gewickelte Kiesel sind für flache Schalen als Abdeckung der Blumenhalter nahezu unentbehrlich.

In durchsichtigen Glas- oder Kunststoffvasen wirken Murmeln aus Klarglas, Rauchglas oder, für lustige Kindersträuße, von bunten Mustern durchzogen noch schöner.

Als Blumenhalter lassen sich einfache Flaschenbürsten zurechtstutzen und -biegen. Sie halten mit ihren Borsten alle Stiele in Position, wenn sie zu mehreren als dichtes Büschel in die Vase gestellt werden.

Sollen schwere Stiele eingestellt werden, werden dazu Kieselsteine als Ballast eingefüllt.

Fest in Stroh oder Blech

Fest stehen die Blumen auch in einem dichten Bündel Langstroh, das mit einer Schnur erst in ein ½ Dutzend daumendicke Büschel geschnürt und dann zusammengebunden wird.

Mit dieser Methode lässt sich der Strang genau nach Maß für jede Vasenöffnung anfertigen. Er muss richtig fest hineingepresst werden und hält dann alles, was in ihn hineingesteckt wird.

Einzelne Zweige kann man in undurchsichtigen Vasen mit Weißblechstreifen festhalten, die am Rand eingehängt werden.

Am besten schneidet man einen Winkel von 90° fingerbreit zu, hängt einen Schenkel über den Vasenrand und biegt den anderen um den Blumenstiel.

Halt mit Hölzchen

Zwischen senkrechten Vasenwänden genügt ein beliebiges, halbwegs passenden Hölzchen, das waagerecht oder schräg eingeklemmt wird. Der Blütenstiel wird daran festgebunden.

Zwei Stäbe können über Kreuz gebunden und in die Vase geklemmt werden; das ist vor allem für eckige Vasen ein idealer Halt.

Ein Dreieck in der Vase bilden zwei Hölzer, von denen eins auf gespalten und von dem zweiten auseinander gespannt ist.

Auf gespaltene Zweige oder natürlich gewachsene Astgabeln können kombiniert, mehrfach auf gespalten, insgesamt variantenreich auch senkrecht in die Vase gestellt werden.

Mit vier Hölzern kann man einen dicken Blütenzweig quadratisch einbinden.

Zeit für Trockenblumen

Viele Sommerblüher sehen jahrelang wie frisch aus, wenn man genau weiß, wann sie geschnitten werden müssen:

Als Knospe, sobald die Blütenfarben gerade zu erkennen sind, schneidet man Papierblume und -knöpfchen, Katzenpfötchen, Artischocken und Strohblume.

Die gerade geöffneten Blüten werden geschnitten von Alpen- und Kugeldistel, Gräsern, Sonnenflügel und kleinen Strohblumen.

Voll erblüht trocknen Blüten von Frauenmantel, Gartenfuchsschwanz, Eberwurz oder Silberdistel, Grasnelke, Lavendel, Schleierkraut und Statice.

Nach der Vollblüte erntet man Schafgarbe, Silberimmortelle und Goldrute. Kurz nach der Blüte Blumenlauch, Alant, Bärenklau, Mädesüß und Rudbeckia.

Bis sich Früchte gebildet haben, wartet man bei Astilben, Blutweiderich, Fingerhut, Lampionblume, Lupinenarten und Reseda.

Ehe sich die Früchte geöffnet haben, pflückt man Akanthus und Anemonen. Kurz zuvor holt man die Junger im Grünen herein, zur gleichen Zeit Rohrkolben und Ziermais.

Haben sich die Früchte geöffnet, wird es Zeit für Akelei, Riesenhyazinthe, Königskerze, Löwenmaul, Mohn und Schwertlilie.

Färben sich die Samen gelb, sind Steppenkerze und Zitronenmelisse Schnitt reif.

Zierkürbisse sollen an der Pflanze voll ausreifen, damit die abwechslungsreich geformten und gefärbten Beerenfrüchte hart wie Pappmaché durchtrocknen.

*

Trocknen auf der Leine

Zum Trocknen werden Blumen mit den Blüten nach unten an einer luftigen Stelle schattig aufgehängt, bis die Stiele knochentrocken sind. Die überflüssigen Blätter werden vorher von den Stielen abgestreift.

Damit sie nicht aus den Bündeln fallen, obwohl sie dünner werden, hält man sie besser mit Gummiringen zusammen. An einer freien Zimmerwand können die Sträuße schon während sie trocknen ein hübscher Schmuck sein.

Ziermais ist mit schön gezeichneten Buntblättern sowie den buntkörnigen Trockenfrüchten ungemein dekorativ.

Trocknen in Waschpulver

Viele Blüten trocknen am besten in phosphatfreiem Waschpulver. Dazu nimmt man eine Blechdose, füllt das Waschmittel hinein und legt die Blütenköpfe darauf. Danach werden sie mit Pulver überstreut und der Deckel wird aufgelegt. Nach etwa 2 Wochen sind die Blumen trocken.

Blüten einbalsamieren

Die weißen Blütenhüllblätter der Sandimmortelle bleiben nur dann hell, wenn sie 24 Stunden in einem Gefäß verbracht haben, in dem vorher ein Schwefelstreifen verbrannt wurde. Damit Rohrkolben nicht vorzeitig aufspringen, sprüht man sie leicht mit Haarspray ein. Dasselbe hilft, damit Gräser und Disteln nicht welken. Statt des farblosen Haarsprays kann auch Farbspray verwendet werden.

Damit die Samenkörner nicht ausfallen und die getrockneten Fruchtstände der Skabiosen nicht brüchig werden, kann man sie ebenfalls mit Haarspray festigen oder mit Glyzerin geschmeidig halten.

An der Pflanze getrocknete Fruchtstände von einjährigem Rittersporn, Bärenklau und anderen sehen unter Silber- und Goldbronze sehr exotisch aus.

Trockenpilze

Bunte Pilzarten sind originell in der häuslichen Trockenbinderei zu verwenden, wenn man die formen- und farbenreichen Porlingsarten ausgesucht hat. Unter den ungenießbaren Lack- und Borstenpilzen gibt es atemberaubende Farbspektren von weißen, gelben, rosa und roten Tönen bis ins Grau, Stahlblau, Braun und Schwarz.

Zum Teil wachsen sie aufgestapelt in halbkreisförmigen Scheiben aus Holz, das immer mitgetrocknet wird und den Untergrund für märchenhafte Gestecke bietet.

Pilze werden wie Flechten und Moose getrocknet, indem man sie auf Papier ausgebreitet in den offenen Backofen legt, der nicht über 50 °C warm eingestellt wird. Je schneller sie trocknen, umso besser erhalten sie ihre Farben.

Alles hinter Glas

Die besten Tipps
für den Wintergarten

Treibhauseffekt muss verhindert werden

Ist der Wintergarten nach innen offen, also Teil der ganzjährig wohl temperierten Wohnung, muss im Sommer mit wirksamer Querlüftung im Firstbereich und Lüftungsklappen knapp über dem Fußboden für Abkühlung gesorgt werden.

Ausgetrocknete Raumluft ist zu jeder Jahreszeit schädlich, aber leicht zu vermeiden, indem ein Luftbefeuchter aufgestellt wird, der so feinen Wasserstaub verbreitet, dass er in der Luft verdampft, ohne Tropfen zu bilden.

Die relative Luftfeuchtigkeit soll wie in den übrigen Wohnräumen zwischen 50 und 60 % liegen.

Es muss verhindert werden, dass sich Kondenswasser an den Außenwänden niederschlägt. Ist ein eigener Heizkörper angeschlossen, müssen mindestens 5 °C gehalten werden.

Sicher wird die Pflanzenwanne auch von Bodenheizkabeln erwärmt. Für den Wintergarten gibt es Baureihen mit 300, 600 und 1000 Watt für größere Flächen.

Eine Dachrinnenheizung verhindert, dass der Abfluss zufriert und stehendes Wasser durch die Fugen drückt. Das Heizband wird von der Außentemperatur gesteuert.

Hitzestau im Wintergarten

Bis auf 70 °C kann die Lufttemperatur hinter den Glasscheiben des Wintergartens an Sommertagen ansteigen; der Fußboden heizt sich bis 45 °C auf. Selbst bei kühler Witterung knapp über Null kann es hinter dem Südfenster noch 35 °C heiß werden.

Das ist unerträglich und für Pflanzen tödlich. Deshalb muss wirkungsvoll schattiert werden, und zwar entweder außen mit Markisen oder innen mit Jalousien oder Vorhängen. Der natürlichste Sonnenschutz sind jedoch Pflanzen.

Ein üppiges Blätterdach über dem Glasdach sieht am schönsten aus und schützt zugleich vor Regen, Wind- und Schneedruck. Doch es dürfen nur Laub abwerfende Gehölze vorgepflanzt werden, damit im Winter Sonne hereinkommt.

Noch besser schützen Kletterpflanzen vor der Glaswand. Sie brauchen ein Spalier, das sich den Fensterrahmen anpasst und deshalb möglichst wenig auffällt. Das gelingt am besten mit starken Drähten, die zwischen Holzleisten oder Metallrohre gespannt sind.

Nur die harten in den Wintergarten

Im ganzjährig gleichmäßig beheizten Wintergarten mit hoher Luftfeuchtigkeit wächst ein dichter Urwald exotischer Pflanzenfülle. Zwischen Philodendren und prächtig blühenden Orchideen wachsen auf Bäumen (epiphytisch) Bromelien, kleine seesternähnliche Crypthanthen, vielgestaltige Tillandsien, die farbenprächtige Caraguata, die breiten Nidularien, Billbergien, Guzmanien, die zur großen Familie der Ananasgewächse gehören.

Blumenerde für Tropenpflanzen des Regenwalds, die auf Bäumen wachsen, wurde überwiegend aus Sphagnum (Torfmoos) hergestellt. Wo diese und andere Laubmoose in feuchten Wäldern nicht zu finden oder zu bekommen sind, kann man sich mit gehackten Königsfarnwurzeln helfen.

In Ausnahmefällen kann man die Farnwurzeln mit Buchenlaub mischen. Einzelne Arten brauchen dazu etwas sandige Rasenerde mit Holzkohlestückchen.

Leitungswasser ist fast überall zu hart und zu stark mit Chlor versetzt. Es tötet schädliche Keime, aber ebenso die feinen Haarwürzelchen der Topfpflanzen. Dagegen hilft nur, alles Gießwasser in einem oben weit offenen Gefäß über wenigstens 1 Woche abstehen zu lassen.

Die neue Mode geht auf die Palme

Die neuen Palmen sind mit der Mode gegangen: Sie strecken sich nicht mehr zur Decke, sondern werden gerade 150 cm hoch. Diese Minipalmen sind im Wintergarten erstaunlich widerstandsfähig und blühen zum Teil recht hübsch.

Zu ihnen gehören Großfruchtpalme, Kantiapalme, Kokospälmchen, Dattelpalme.

Orchideen sind gar nicht so heikel

Zimmerorchideen sind durchweg robust, wenn man die richtigen auswählt: *Dendrobium*, Venusschuh,

Kahnlippe und Zahnzunge, die Baumwucherer *Paphiopedilum*, *Lycaste*, *Cymbidium*, *Brassia-* und *Odontoglossum*-Arten.

Sie alle dürfen im Sommer recht kühl und schattig stehen, im Winter genügen 5 °C.

Die meisten der im Wintergarten kultivierten Arten haben zu Speichern ausgebildete Stängel und Blätter. Die Wasser saugenden Luftwurzeln ernähren die Pflanzen in den Astgabeln.

Um davon leben zu können, brauchen sie kleine Wurzelpilze. Dazu besorgt man sich eine Epiphytenmischung und packt die Wurzeln darin in luftige Körbchen.

Alle Pflanzenarten lieben ein Pflanzsubstrat aus Farnwurzeln, gereinigter Borke, etwas lehmiger Rasenerde, getrocknetem Kuhdung, Hornspänen und einem Zehntel Buchenlaub. Schaumstoffkrümel lockern, durchlüften, entwässern.

Gegossen wird regelmäßig, gedüngt alle 14 Tage, umgepflanzt nach 3 bis 5 Jahren, bei Wärme liebenden Arten nach der Blüte, bei den kühleren Arten von Januar bis April.

Die Pseudobulben dürfen während der stark verringerten Wassergaben in der Ruhezeit keinesfalls einschrumpeln. Sind die abgeblühten Blütenschäfte bis zum Frühjahr nicht vertrocknet, sollte man sie nicht abschneiden. Aus ihnen treibt seitlich ein neuer Blütenstand.

Aber: Falls es im Winterlager zu warm und feucht war, kommen statt dessen nur Blätter heraus.

Die dicht wuchernden Wurzeln müssen beim Umtopfen entwirrt, alte oder verletzte Pseudobulben abgeschnitten werden. Soweit sie beim Heraustrennen heil geblieben und ein paar Wurzeln daran geblieben sind, kann man sie in Orchideenerde einpflanzen. Eins der schlafenden Augen treibt sicher aus und lässt eine neue Pflanze entstehen, die nach wenigen Jahren blüht.

Zögert eine Orchideenblüte herauszukommen, kann man die Blütenhülle ganz vorsichtig mit einer spitzen Nagelschere auftrennen. Damit die Blütenblätter nicht verletzt werden, hält man die Knospen vor eine Lichtquelle.

Prüfungen von Grund auf

Die besten Tipps zu Bodenproben und -gehalten

Leitpflanzen sind Bodenprobe

Ackersenf, -stiefmütterchen und -winde, Gelbklee und Geruchlose Kamille sowie Huflattich zeigen einen kalkhaltigen Boden an, wenn sie zahlreich vorkommen und üppig entwickelt sind.

Kalkarmen Boden zeigt reichliches Auftreten von Ackerhundskamille, -knaul und -spörgel, Hasenklee, Saatwucherblume, Sandstiefmütterchen und -spitzwegerich.

Starker Besatz von Huflattich zeigt hohen Mergelgehalt an.

Kalkhaltige Sandböden erkennt man an Brombeeren und Gelbklee.

Lehmigen Sand bevorzugen Ehrenpreis, Hederich und Knöterich, Kornblume und -rade sowie wilde Stiefmütterchen.

Sandig und trocken sind Böden, auf denen Besenkraut, Grasnelke, Heidekraut, Hungerblümchen, Katzenklee und Königskerze wachsen sowie die Kräuter mit dem Vornamen Sand: Sandhafer, -lieschgras, -riedgras, -rohr, -schmiele und -wegerich.

Feucht ist der Lehmboden dagegen unter einer Wiese von Hahnenfuß und Löwenzahn, wilder Möhre und weißer Wucherblume, dazu Wiesenkümmel.

Der normale Lehm wird angezeigt von Feldhahnenfuß und -rittersporn, Hirtentäschel, Hunds- und richtiger Kamille, Knollenhahnenfuß und Klatschmohn sowie der gelben Wucherblume.

Schwerer Ton liegt unter Hahnenfuß und Huflattich, Rispengras, Schmiele, Trespe.

Wo Brennnesseln prächtig gedeihen, kann man froh sein, hier ist ein fruchtbarer Boden.

Salzsäure sagt den Kalkgehalt an

Man muss keine Bodenprobe einschicken, um den Kalkgehalt des Bodens messen zu lassen. Einige Tropfen Salzsäure zeigen mit Aufbrausen alkalische Werte an, und wenn's still bleibt Kalkmangel.

Lackmuspapier reagiert etwas feiner, wenn es in eine Bodenlösung gehalten wird.

Am besten ist ein kleiner pH-Messer, an dessen Farbskala genau abgelesen werden kann, wie der Boden beschaffen ist.

Probebohrungen

Eine Bodenprobe, die zur Untersuchung eingeschickt wird, zeigt den wahren Zustand des Gartenbodens an, wenn die Entnahme genau nach Vorschrift erfolgt.

Am besten erwirbt man im Gartenfachhandel eine Probepackung mit Gebrauchsanweisung, Probenliste, Entnahmelöffel, Probendose und Versandbeutel. Gartenzeitschriften bieten das auch als Service an.

Gleichmäßig verteilt über die zu untersuchende einheitliche Fläche legt man etwa zehn Entnahmestellen an. Wichtig ist die richtige Tiefe der Bohrlöcher: 5 cm für Rasen, 20 cm für Blumen und Gemüse, 50 bis 60 cm für Obstgehölze und Ziersträucher.

Die Löcher werden so ausgestochen, dass an einer Seite eine glatte Wand stehen bleibt, von der ein Abstrich genommen wird. Mit dem Löffel fährt man hier von unten nach oben entlang, so dass aus jeder Tiefe ein paar Erdkrümel abgestreift werden.

Das wiederholt sich in allen Gruben, so dass eine Mischung entsteht, die den mittleren Bodenzustand anzeigt. Die Bodenprobe soll etwa 250 g schwer und gründlich durchmischt sein.

Für die tieferen Proben nimmt man ein Metallrohr, das in den Boden geschlagen wird. Der Bohrkern wird mit einer passenden Stange herausgestoßen.

Auf die Probendose oder den Plastikbeutel schreibt man seinen Namen, woher die Probe stammt, was auf der Fläche angebaut werden soll und die Art der gewünschten Probe.

Analysen: Standard oder Luxus

Die Standardprobe untersucht für rund 10 € den pH-Wert und die Mineralgehalte von Phosphor, Kali, Magnesium und berät bei der Düngung.

Mehr erfährt man bei der Analyse für den Hobbygarten; neben den Mineralgehalten auch Bodenart, Humusgehalt, Krümelfestigkeit und Bodenlebewesen. Auch hier wird empfohlen, wie und was zu düngen ist – zum Preis von ca. 15 €.

Die Komplett-Analyse sagt darüber hinaus etwas über Stickstoff und Spurenelemente wie Kupfer, Blei, Zink, Kadmium – zusammen mit der Beratung für insgesamt 50 €.

Neu ist eine Untersuchung auf Schwermetalle, falls man befürchtet, dass der Boden mit Schadstoffen belastet ist – Kostenpunkt rund 30 €.

Adressen von Boden-Analyse-Labors erfährt man bei der Landwirtschaftskammer, Gartenämtern und der Redaktion einer Gartenzeitschrift.

Zu hohe Werte belasten

Die Stickstoffwerte sind in den normalen Analysen nicht enthalten, weil sie zu schnell schwanken. Dieser Dünger wird immer nur für die jeweilige Kultur in genau abgemessenen Mengen ausgebracht.

Die Bodenprobe ist alle 3 bis 4 Jahre notwendig, um keine teuren Mineraldünger zu verschwenden. Untersuchungen haben ergeben, dass etwa 70 % aller Gartenböden zu viel Phosphor enthalten.

Viel wichtiger aber ist, dass überhöhte Gehalte den Boden belasten und die Aufnahme von Spurenelementen behindern. Auch so entstehen Mangelschäden.

Überdüngung schadet den Pflanzen ebenso wie der Mangel an einem Nährstoff nach dem Minimum-

Gesetz: Das Wachstum richtet sich immer nach dem in geringster Menge vorhandenen Faktor.

Kalk ist ein Schaltelement

Am stärksten wirkt sich der Kalkgehalt aus, der in pH-Werten gemessen wird. Für den Garten genügt zu wissen, dass zwischen pH 7,0 und 7,4 der neutrale Idealwert für fast alle Kulturpflanzen liegt.

Rasen und Moorbeetpflanzen haben es lieber etwas saurer: Bis pH 6,4 gilt ein Boden als schwach sauer, bis pH 5,4 als sauer. Ab hier entsteht mittlerer Kalkbedarf.

Der Kalkbedarf des Bodens ist nicht nur als Pflanzennahrung wichtig. Bis zu 20 g/m^2 Kalzium werden jährlich von den Pflanzen aufgenommen. Fehlt Kalk, wachsen Blätter und Wurzeln schwächer und sind anfälliger.

Kalk lockert den Boden dauerhaft, weil er die feinen Erdkrümel zusammenhält. Außerdem macht erst ein ausreichender Kalkgehalt die im Boden vorhandenen Pflanzennährstoffe, vor allem Phosphor und die Spurenelemente, aufnehmbar. Sie sind nur bei mittleren pH-Werten wasserlöslich.

Da der jeweils beste Lösungswert bei den einzelnen Mineralen unterschiedlich ist, lässt man den Kalkgehalt pendeln. Mit der nächsten Kalkgabe wartet man also bis zum Herbst.

Kalk ist nicht gleich Kalk

Kohlensaurer Kalk ist kein chemischer Dünger, sondern ein vollkommen natürliches Gesteinsmehl aus Dolomit, Kreide oder Kalkstein.

Gebrannter Kalk ist nur auf schweren Böden angebracht, und auch da gibt man höchstens alle 3 Jahre 16 bis 20 kg auf 100 m^2.

Für den Naturgarten wird eine künstliche Kalkform empfohlen: Hüttenkalk, der bei der Eisenschmelze im Hochofen entsteht. Als Kalk-Tonerde-Silikat enthält er 45 bis 50 % Kalzium, 3 bis 6 g Magnesium, 0,5 bis 2 % zitronensäurelösliches Phosphat, dazu manchmal 0,3 bis 0,9 % Kali und Stickstoff.

Regen als Kalkmischer

Je nach Ergebnis der Bodenprobe wird im Herbst die nötige Kalkmenge gestreut und sogleich umgegraben. Dabei soll der Kalk nicht zu tief geraten.

Regen und Schneeschmelze sorgen dafür, dass sich die Kalklösung in der Krume gleichmäßig ausbreitet. Hüttenkalk kann notfalls noch im Frühjahr gestreut werden.

Im Hausgarten genügen zur Erhaltungskalkung auf leichten, sandigen bis humosen Böden alle 3 Jahre 150 bis 250 g/m^2 Hüttenkalk, im Obstgarten alle 2 Jahre. Auf bindigen Lehm- und Tonböden erhöht sich die Menge auf 300 bis 500 g/m^2. 80 bis 120 g/m^2 Kalkstickstoff vor der Bestellung reinigen zugleich den Boden von Kohlhernie und zahlreichen anderen Bodenpilzen und Unkrautkeimen.

Mangelschäden sind Bodenproben

An den Blättern lässt sich ablesen, welche Mikronährstoffe im Boden fehlen. Sie sind genauso wichtig wie die Hauptnährstoffe, der einzige Unterschied sind die geringen Mengen.

Bormangel zeigt sich an Herz- und Trockenfäule aller rübenartigen Gemüse, anderen Wachstumsschäden wie fleckigen Blättern, hohlen Stängeln, Rissen und Korkbildung an der Oberfläche. Wurzelgemüse beginnt zu faulen, und Obstbäume setzen weniger Früchte an.

Eisenmangel zieht eine abwechslungsreiche Chlorose (Blattaufhellung) nach sich: Kohlblätter marmorieren, Tomaten hellen innen eher auf, jüngere Blätter sind insgesamt weißlichgrün mit gelben Adern. Die inneren Werte der Pflanze sind geschwächt, weil Eiweiß und Kohlehydrate mangelhaft ausgebildet werden. Abhilfe liefert ein besserer pH-Wert und Dränage. Eisendünger helfen nur, wenn die Ursachen des Mangels behoben sind.

In sandigen und deshalb trockenen Böden kann Kupfer fehlen. Der Mangel zeigt sich an fleckigen Blättern mit grünen Adern. Nach einseitiger Ausnutzung des Bodens gibt man 30 g/m^2 Kupferschlackemehl, das zugleich einige andere Spurenelemente mit sich bringt.

Magnesiummangel zeigt sich mit Blattverfärbungen zu gelben und roten Farben, das Wurzelwachstum ist gestört, da das Eiweiß minderwertig ist. In stark sauren Böden muss der pH-Wert angehoben werden, sonst genügt der 2%ige Zusatz in Volldüngern.

Schlechte Ernte

Manganmangel wirkt sich fatal auf die Erntequalität aus, denn das Element ist maßgeblich an der Entstehung von Blattgrün, Eiweiß und Vitamin C beteiligt. Äußerlich ist das Fehlen an fleckig aufgehellten Blättern erkennbar, ähnlich wie bei Kupfermangel.

Wo Zink fehlt, sehen die Mangelschäden etwa so aus wie bei Eisen und Mangan: Zwergenwuchs und kleine dicht aufeinander sitzende Blätter an Obstgehölzen, bei Ziergehölzen oft aufgerollt. Wenn zu hoher Kalkgehalt die Aufnahme durch die Wurzeln verhindert, hilft die Blattspritzung mit 1%igem Zinksulfat, auf den Boden 2%ig. Meeralgendünger nützt, wenn der Boden die darin enthaltenen 80 % Kalk verkraftet.

Schlappe Früchte

Kalimangel schwächt das Gewebe, es bildet sich weniger vollwertiges Eiweiß. Die Früchte schmecken nach nichts und halten nicht lange. Auch die Blätter verwelken und vergilben. Weitere Anzeichen sind Blattrandschäden, schlechte Knollen- und Kopfbildung, dünne, lange Triebe.

Phosphormangel verdunkelt die Blätter. Sie werden braun, dunkelrot und schwarz, bevor sie absterben. Weniger sichtbar sind schwächeres Wurzelwachstum, schlechteres Eiweiß und die kürzere Haltbarkeit der Früchte.

Guter Grund für besseren Boden

Die besten Tipps zur Bodenpflege

Bloß umgraben lockert nicht

Nach wenigen Wochen hat sich der umgegrabene Boden wieder gesetzt, es tritt keine anhaltende Lockerung ein, vielmehr wird der Humusgehalt beschleunigt abgebaut und damit das Porenvolumen verringert.

Wo die umbruchlose Mischkultur nicht mit oberflächlicher Lockerung auskommt, wird deshalb stets ein Boden verbesserndes, verrottbares Material untergegraben.

Gründünger ist vielseitig

Schmetterlingsblütler sammeln Stickstoff aus der Luft, so dass eine Gründüngung gleichbedeutend ist mit 3,5 bis 8,4 kg Volldünger auf 100 m^2. Das reicht selbst für anspruchsvolle Obstarten wie Sauerkirschen und Pfirsiche.

Die Erntemengen steigen bei Obstbäumen in Gründüngung gegenüber offenem Boden bei Phacelia und Inkarnatklee auf 140 %, Kleegras und Sommerwicke auf 150 %, bei Senf auf 15 % und bei Raps auf 175 %.

Außerdem führen richtig gewählte Gründünger so viel Humus zu wie eine mittlere Stallmistgabe; das sind zwischen 30 und 80 kg Trockenmasse auf 100 m^2.

Auf die Wurzeln kommt es an

Mit ihrem ausgedehnten Wurzelsystem lockern Gründünger den Untergrund, Luft dringt ein, Gase entstehen. Nährstoffe aus unteren Bodenschichten werden heraufgeholt und stehen der Folgekultur zur Verfügung.

Am tiefsten gehen die Wurzeln von Ackerbohnen, Ölrettich und Raps; gut verteilt sind sie bei Klee und Sonnenblumen. Die Wurzelmasse ist bei Ölrettich und Phacelia besonders groß, gering dagegen bei Klee und Sommerwicken.

Wenn zwei sich streiten …

Senf und Ölrettich unterdrücken anderen Bewuchs sehr schnell; Felderbsen, Weidegras, Sommerraps und -wicken halten Wildkräuter mäßig klein; Ackerbohnen, Alexandriner und Persischer Klee, Phacelia und

Sonnenblumen werden mit Fremdbewuchs am schlechtesten fertig.

Phacelia ist mit keiner Gemüseart verwandt und eignet sich deshalb besonders als Vorkultur zu Kohl und anderen Kreuzblütlern. Hier wären Ölrettich, Raps und Senf nicht angebracht.

Ackerbohnen, Inkarnatklee und Seradella bleiben über den Winter stehen. Die Saatzeiten der übrigen Gründünger legt man so, dass sie bis zum Winter fertig sind: bis zum Mai Blaue Lupine; bis Juli Felderbsen, Hülsenfrüchte, Kleearten, Sonnenblumen und Sommerwicken; bis August Buchweizen, Platterbse, Raps, Senf, Weidelgras; bis Anfang September Ölrettich, Phacelia, Winterwicken.

Steinmehl tut Wunderdinge

Sägemehl von Glutflussgesteinen wie Basalt, Granit, Porphyr, Diabas und anderen verbessert den Boden und hilft den Pflanzen auf wundersame Weise.

Das feine Steinmehl aus der Entstaubungsanlage mit maximal 0,09 mm Korngröße verwittert sehr schnell.

Die Wurzelsäuren lösen es wegen seiner enorm großen Oberfläche leichter auf.

Basaltgrus, der beim Brechen der Rohsteine anfällt und abgesiebt wird – mit Korngrößen zwischen 1 und 2 mm ist billiger – verwittert im Boden langsamer und wird für leichte Sandböden bevorzugt.

»Mehliges« Obst

Bienen bevorzugen mit Steinmehl gedüngte Bäume und Sträucher, weil deren Blüten stärkere Duftstoffe verströmen. Obst und Gemüse schmecken ganz allgemein kräftiger, feiner und sind haltbarer.

Obstgehölze wachsen kräftiger und sehen gut aus. Himbeeren werden nicht mehr von der Rutenkrankheit verfolgt, ihre Früchte bleiben madenfrei.

Im Kampf gegen Insekten

Urgesteinsmehl bindet Gerüche im Kompost und anderen organischen Abfällen, weil es Fäulnis hemmt und die luftige Rotte organischer Stoffe fördert.

Die Kieselsilikate machen die Pflanzen widerstandsfähiger gegen Pilze und Schadinsekten.

Pudern will gelernt sein

Steinmehl hilft beim Aufbau stabiler Ton-Humus-Komplexe, wenn es als staubfeines Mehl ausgestreut und oberflächlich eingehackt wird, am besten alle 2 bis 3 Jahre in einer Menge von 20 bis 30 kg, im Wurzelbereich von Obstgehölzen 10 bis 15 kg je 100 m^2. Zu Kompost gibt man 5 bis 7 kg je 100 kg.

Auf Erdbeeren kann das Steinmehl direkt gestreut werden. In den Saatrinnen von Hülsenfrüchten, Möhren und anderen wird das Mehl auf die Samen gestreut und mit Kompost überdeckt.

Der Aushub von Pflanzstellen wird mit Steinstaub vermischt, und die Wurzeln werden damit überpudert.

Auf den guten Ton kommt es an

Eine feinere Art von Steinstaub sind die Tonmehle mit Korngrößen unter 0,002 mm. Sie haben die

Fähigkeit, stark zu quellen und halten so Wasser und darin gelöste Nährstoffe fest, bis sie an trockenen Tagen gebraucht werden.

Mit Humus verbinden sich Tonmehle zu fest gefügten porenreichen Krümeln, die leichtere Böden fruchtbar machen, weil Wasser und Nährstoffe nicht so schnell versickern.

So wird das Grundwasser vor überhöhten Nitratwerten bewahrt und die Wurzeln können Stickstoff länger aufnehmen.

Auf das freie Grabeland werden je nach Lage 20 bis 30 g/m^2 gleichmäßig ausgestreut und mit einem Kultivator oberflächlich unter die Krume gemischt. Auf den Kompost verteilt man schichtweise rund 2 kg auf 1 m^3.

Pflanzen fressen Metall

Das Alpine Pfennigkraut und mehrere Kohlarten gehören zu den Metall fressenden Pflanzen.

Sie ziehen Schwermetalle wie Blei, Kadmium, Chrom, Kupfer, Nickel und Zink aus dem Boden und speichern so viel davon, dass bereits nach zehn Ernten die Belastung einer Industriebrache auf zulässige Werte abgesunken war.

Die Erblast der Vorfrucht

Porree und Sellerie hinterlassen im Boden zehnmal so viel Wurzelmasse wie etwa die Wurzelpetersilie. Doch der Vorfruchtwert wird nicht allein vom Wurzelgewicht bestimmt.

Schlecht wachsen die meisten Gemüsearten nach sich selbst. Allein der Fruchtwechsel bringt deshalb in der Regel beträchtlich höhere Erntemengen.

Das Nachbauverbot für nahe verwandte Gemüsearten gilt nicht für Bohnen, die den Boden mit Stickstoff anreichern, und auch nicht für Schwarzwurzeln.

Wenn der Boden müde wird

Stehen zu oft hintereinander Tomaten auf demselben Beet, kann der Boden mit Korkwurzelkrankheit verseucht werden.

Pausenloser Kohlanbau fördert Herniebefall. Dies geschieht auch bei anderen Kreuzblütlern und kreuzblütigen Wildkräutern.

In feuchtkalten Sommern können sich durch den Nachbau Salatfäule und Rettichschwärze ausbreiten.

Um all diesen Nachteilen auszuweichen, sollte man die Hauptkultur erst nach 3 Jahren wieder auf dasselbe Beet bringen.

Erdbeeren leiden stark, wenn sie auf ein Beet gepflanzt werden, wo vorher Erdbeeren standen. Nesterweise bleiben sie im Wuchs zurück, welken rasch, die Blätter verfärben sich, es entstehen weniger Früchte.

Dasselbe gilt für andere Obstgehölze, die ebenfalls zu den Rosengewächsen gehören, vor allem für Kirschen auf Vogelkirschunterlage. Etwas weniger schadet die Bodenmüdigkeit, wenn auf Kernobst Steinobst folgt.

Baumrinde boomt

Rindenhumus verbessert den Boden mit seinem hohen Gehalt an organischer Substanz, ist naturrein, unkraut- und schädlingsfrei, wenn die Rinde lange genug gelagert hat, um wachstumshemmende Stoffe abzubauen und Holzschädlinge unschädlich zu machen.

Baumrinde wird vom Frühjahr an im ganzen Zier- und Nutzgarten 2 bis 4 cm dick ausgelegt und flach in die Oberkrume eingearbeitet.

Zur Gehölzpflanzung mischt man Rindenhumus in den Aushub und deckt die Pflanzstelle 3 bis 4 cm hoch ab.

Mulchen mit Rinde

Als Bodendecke dient Rindenmulch auf Beeten und Wegen. Er schützt vor dem Austrocknen und Verschlammen bei Starkregen, spart Hacken und Gießen und unterdrückt den Wildwuchs.

Auf Gartenwegen kann man 20 bis 30 cm hoch Rindenmulch auftragen. Er passt sich der Umgebung organisch an, trocknet rasch ab und ist gut zu begehen.

Rinden-Kultur-Substrate sind Praxis reif geworden und können als fertige Pflanzerde eingesetzt werden.

Grasmulch ideal für Mäuse

In der warmen Mulchdecke siedeln sich mit Vorliebe Wühl- und Feldmäuse an. Es muss also von Zeit zu Zeit kontrolliert werden, ob Nageschäden an der Rinde zu finden sind.

Zum Schutz der Rinde genügt es oft schon, das Mulchmaterial eine Handspanne vom Stammgrund entfernt zu halten.

Wenn es Winter wird

Bereits im Herbst lässt man den Boden trockener werden, damit die Gehölze rechtzeitig mit dem Wachstum abschließen und frosthärter in den Winter gehen.

Erfahrene Obstbauern lassen deshalb ab Spätsommer Gras und Unkraut wachsen, falls es reichlich regnet.

Der Boden gefriert unter dem wärmenden Polster nicht so tief, die Regenwürmer bleiben länger aktiv.

In Bodennähe liegt die Temperatur über offenem Boden bis 3 °C höher als über bedecktem, der seinen Wärmevorrat hütet und nicht abstrahlt.

Ein Lob auf die Natürlichkeit

Die besten Tipps zu Naturdünger und Kompostierung

Natürlich düngen

Aus tierischem Horn gemahlene Naturdünger enthalten zwischen 10 und 14 % Stickstoff. Sie werden je nach Korngröße als Hornmehl, Horngrieß oder Hornspäne gehandelt.

Sie wirken umso rascher, je feiner sie ausgemahlen sind. Die Späne zersetzen sich am langsamsten und wirken entsprechend nachhaltiger wie ein Langzeit-Vorratsdünger.

Schneller löst sich Blutmehl mit unterschiedlichen Stickstoffgehalten zwischen 10 und 14 %. Knochenmehl aus dem phosphorsauren Kalk hat bis zu 30 % Kalkgehalt.

Natürlich rieselt der Kalk

Naturreine Düngemittel führen außerdem hohe Kalkprozente: Peru-Guano 12 bis 20 %, Horn- und Blutmehl 13 %,

Hornspäne bis zu 6 %, getrockneter Rinderdung 4 %, Hühnermist 3 %.

Auch andere Bodenzusätze sind hoch kalkhaltig, so Holzasche mit 30 bis 45 % und Thomasmehl 45 bis 50 %.

Zu den Gemüsearten, die besonders kalkbedürftig sind, zählen Kohlarten, Möhren, Porree, Rote Bete, Sellerie, Spargel, Zwiebeln.

Weniger Kalk verlangen Bohnen, Erbsen, Gurken, Kartoffeln, Kopfsalat, Tomaten.

Rasen, Moorbeetpflanzen wie Rhododendren und Azaleen, viele Immergrüne und Koniferen brauchen eine saure Bodenreaktion.

Leichte Böden sollte man nie über pH 6,0 aufkalken, Lehmböden können dagegen bis auf pH 7,5 gesteigert werden, um das Bodenleben zu fördern.

Erde, Schlacke und Kohle

Die natürlich vorkommenden, weicherdigen Rohphosphate bringen bis zu 26 % langsam und neutral wirkende Phosphorsäure in den Boden.

Die im Hochofen ausgeglühte Thomasschlacke kommt fein vermählen auf 15 %, enthält eine Reihe wichtiger Spurenelemente und Kalk.

Rohbraunkohle hat sich als organischmineralischer Dünger bewährt. Diese unterste Stufe des Urzeithumus ist als Perlhumus im Handel.

Darin enthalten sind 40 % organische Substanz, so dass 1 kg auf 10 m^2 ausreicht. Ein Drittel davon ist als Nährhumus rasch aufnehmbar und führt ungewöhnlich viel aktive Huminsäuren zwischen pH 6,3 bis 6,5.

Dünger wie Schrot und Horn

Rizinusschrot aus der Herstellung von Rizinusöl ist ein Volldünger mit 5 bis 7 % Stickstoff, 2,5 % Phosphor und 1,5 % Kali, Magnesium und Spurenelementen.

Soll damit vor der Bestellung gedüngt werden, braucht man für Erdbeeren 16 kg, für Gemüse 20 kg, für Stauden 24 kg, für Obstgehölze bis 40 kg je 100 m^2.

Erdbeeren erhalten dieselbe Menge noch einmal nach der Ernte, der Rasen erstmals nach dem Urlaub im Sommer.

In Obst- und Weinbaugebieten bekommt man organische Reste aus der Früchteverwertung. Apfel-, Trauben- und Hopfentrester haben bessere und gesündere Ernten eingebracht, obwohl sie wenig Nährstoffe mitbringen.

Mit der »Kraft der Zuckerrübe« werben organische Düngemittel, die aus den Rückständen der Zuckerraffinerie gewonnen werden.

Erdnuss-Schalen sind der Ausgangsstoff eines naturgemäßen Düngemittels, das bei Tomaten doppelte Erntemengen eingetragen hat.

Dünger aus dem Meer

Grüne Meeresalgen aus dem Atlantik sind als Extrakt oder Konzentrat erhältlich, um das Wachstum im Garten zu fördern. Sie enthalten außer zahlreichen Spurenelementen reine Wuchsstoffe und Alginsäuren, die von den Pflanzenwurzeln sofort aufgenommen werden.

Aus Meeresalgen, Heil- und Würzkräutern ist ein natürlicher Blattdünger gewonnen worden, der zellstärkend, wuchsfördernd und vorbeugend wirkt.

Keinen Mist machen

Der Nachteil organischer Stickstoffdünger wie Stallmist, Jauche und anderer Fäkalien liegt neben hygienischen Bedenken darin, dass sie nur zu 10 bis 30 % nutzbar sind, wenn man sie wie der Landwirt über das Land verteilt. Der größte Teil verfliegt in der Luft.

Im Garten wird Mist höchstens kompostiert verwendet. Der kalireiche, aber phosphatarme Stalldung wird schneller zu Mistkompost, ist gehaltvoller, ergiebiger und nachhaltiger wirksam als für sich gelagerter Stapelmist.

Vorsicht Hühnermist!

Geflügelmist von Hühnern und Tauben ist sogar für den Kompost zu scharf, vor allem wenn darin Regenwürmer arbeiten. Der in der Geflügelhaltung anfallende Kot wird deshalb vorher außerhalb des Komposters mit Erde oder Rasenschnitt vermischt, bevor das Gemenge in dünnen Lagen zwischen nährstoffarme Rottestoffe gestreut wird.

Von großen Farmen kann man Hühnerdung beziehen, der häufig im Obstbau verwendet wird. Günstig ist Hühnermist aus naturgemäßer Haltung in Aufzuchtställen. Er ist mit Stroh vermischt und meist trocken. Der Stickstoffgehalt liegt zwischen 3 und 5 %, der Kalkgehalt bei 3 %.

Gehacktes wird schneller Kompost

Für verholzte Pflanzenteile und Schnittholz, hartes Stroh und dickes Unkraut, sperrige Wurzelballen, Rasensoden, Papier, Karton, Obstkisten und alle sonstigen harten Abfälle aus Küche, Haus und Garten gibt es Häckselmaschinen (Shredder), die für den Komposter ideales Füllgut herstellen.

Für kleine Komposter sind sie ein großer Gewinn; denn sie steigern ihr Fassungsvermögen mindestens auf das Doppelte.

Es ist durchaus zweckmäßig, alle Abfälle, die nicht von sich aus dicht genug lagern, durch den Müllwolf zu drehen.

Die neuen Geräte sind auf technische und elektrische Sicherheit GS- und VDE-geprüft, zweckmäßiger konstruiert und besser verarbeitet, sehr viel leiser mit einkapselnder Bauweise und Schallschluckmatten.

Es wird nicht mehr zurückgeschossen

Die Messersysteme schneiden, reißen, quetschen, ohne aus dem Einfüllrohr zurückzuschießen.

Wenn sie richtig gefüllt werden, verstopfen sie nicht, wenn Stroh, Unkraut, sperrige Wurzelballen, Rasensoden, Papier und Karton zerhackt werden sollen. Ihre Umdrehungszahlen sind gesenkt worden, damit sie leiser und sicherer arbeiten.

Trotzdem müssen die folgenden Sicherheitstipps eingehalten werden:

Die Gebrauchsanweisung muss gründlich gelesen werden. Wichtiger ist jedoch, sich auch danach zu richten.

Vor Arbeitsbeginn muss man abwarten, bis das Gerät die volle Drehzahl erreicht hat.

Frisch geschnittenes Holz und Zweige bis 3 cm Stärke müssen gebündelt eingeschoben werden, damit sie nicht hin und her schlagen.

Sind die Schneidwerkzeuge verstopft, wird erst der Motor ausgeschaltet oder der Netzstecker herausgezogen, bevor man mit einem Stock, nicht den Fingern, versucht, das Hindernis zu beseitigen.

Messerwechsel und Reparaturen sollte man stets der Fachwerkstatt überlassen.

Beim Shreddern sollte man grundsätzlich Arbeitshandschuhe, Bauarbeiterhelm, Brille und Gehörschutz tragen.

Trotz dieser Schutzkleidung wird man sich nicht direkt vor den Einfüllstutzen stellen, sondern stets seitlich dazu mit abgekehrtem Gesicht.

Keine harten Fremdkörper wie Metall, Glas oder Steine, zu dicke Äste oder auf einmal zu viel Weichmaterial einführen.

Wurmkomposter in Betrieb

Der Rottestart im ersten Laufjahr beginnt mit einer Lage dünner Zweige oder Stroh auf dem Boden. Darauf folgt Rohkompost oder Humus mit 500 bis 1000 Regenwürmern je nach Größe des Komposters.

Von keiner Abfallart darf zu viel auf einmal eingefüllt werden. Damit genug Luft herankommt, wird niemals gepresst, um möglichst viel hineinzustopfen.

Wo sich Ameisen einstellen, ist es zu trocken. Da sie Regenwurmeier fressen, muss sofort angefeuchtet werden.

Andere Bodentiere wie Asseln, Insektenlarven und Springschwänze gehören mit zu den nützlichen Humusbereitern.

Herbstlaub wird wertvoller Humus

Im Komposter wird Herbstlaub keimfreier Humus, wenn man es in Schichten von jeweils 20 cm stapelt, gut anfeuchtet und auf jeden Quadratmeter 150 g Kalkstickstoff streut, darauf eine Lage Humintorf, das ergibt schon nach wenigen Wochen Stallmist ähnliche Humusformen.

Neue Komposter aus alten Kunststoffen

Die neuen Komposter sind geruchlos und schädlingsfrei, so dass sie im Keller oder in der Garage aufgestellt werden können. Sind die Abfälle gut gemischt, heizt sich die Rotte soweit auf, dass sie keimfrei werden.

Die Komposter selbst bestehen aus Plastikmüll. Das Material hält dennoch jahrelang die ultravioletten Strahlen des Sonnenlichts aus, ohne zu altern.

Die dunkelbraunen oder anthrazitfarbenen Wände sind isolierend dick ausgeschäumt, um Innenwärme zu speichern. So verlangsamt sich die Rotte in der kalten Jahreszeit nicht.

Gemeinde-Komposter

Der Innenraum ist belüftet, leicht zu füllen und zu leeren. Tonnenförmig, sogar kugelig oder eckig zusammengesetzte, offene oder geschlossene Thermo- und Heißrotte-Komposter werden von vielen Gemeinden verbilligt angeboten. Man sollte zugreifen.

Ein völlig neuer Gedanke ist die schnelle Rotte unter Vliesmaterial, das gut isoliert. Das Deckmaterial besteht aus endlos gesponnenen Fasern, die keine Schadstoffe enthalten und wieder verwendbar sind. Eine Sonderausführung ist der Wurmkomposter von

Atota, eine stufenweise nach oben verjüngte Tonne aus aufbereitetem Altplastik. Nach 4 bis 6 Monaten haben darin kalifornische Rotwürmer alle Küchen- und Gartenabfälle zu Humus verarbeitet.

Asche im Kompost

Holzasche kann beträchtliche Nährstoffprozente mitbringen, je nach Art des Holzes bis 35 % Kalk. Hin und wieder ein Eimer voll, bindet bei der Rotte entstehende Säuren.

Braun- und Steinkohlenasche ist alkalisch und enthält wertvolle Spurenelemente wie Mangan, Zink, Kupfer, Eisen. Der hohe Gipsanteil in der Braunkohlenasche verschmiert allerdings leicht, so dass nur jeweils eine dünne Lage über den Kompost gestreut werden darf.

Ruß mit bis zu 70 % organischen Kohlenstoffen ist nützlich auf dem Kompost: Er färbt die Masse dunkler, so dass sie sich schneller erwärmt.

Eine Lösung von 0,1 % Kaliumpermanganat wirkt bei der Kompostierung von Braunkohlenasche auf den Schwefel und macht ihn Pflanzen verfügbarer.

Größere Mengen an sich wertvoller Holz- und Papierasche können mit ihrem hohen Kaligehalt den Rotteprozess zum Erliegen bringen. Sie können unbedenklich unkompostiert im Freien ausgestreut werden.

Kompost aus Pappe und Papier

Pappe und Papier liefern besseren Kompost als alle anderen Grundstoffe, da Zellulose die Hauptmasse aller pflanzlichen Zellwände stellt, das haben jahrzehntelange Versuche erwiesen. Das Produkt ist salzlos und von idealem pH-Wert zwischen 6,7 und 7,0.

Besonders gut verrotten Servietten, Pergamentpapier und Packpapier von Lebensmitteln, Wellpappe und Zeitungspapier in dünnen Lagen, am schwersten die Kunstdruckpapiere von Illustrierten.

Anfangs setzt man den organischen Abfällen nur 10 bis 20 % Papier zu, später darf der Anteil bis 50 % gesteigert werden. Mehrere Lagen eingeweichte Papiere können kompakt kompostiert werden, es muss nicht jedes Blatt zerknüllt werden.

*

Das gehört nicht in den Kompost

Grundsätzlich gehört nichts in den Kompostsilo, was nicht verrottet, also Glas, Metall, Plastik, Knochen. Auch Lumpen sind ungeeignet, weil sie zu lange brauchen.

Auch Reste und Schalen von Zitrusfrüchten haben auf dem Kompost nichts zu suchen, da sie zu Schimmelbildung führen; ebenso wenig gekochte Küchenabfälle oder Fleischreste, da diese Ratten anziehen.

Aus hygienischen Gründen müssen alle Fäkalien ausgeschlossen werden, außerdem alle Pflanzenteile, die von Krankheiten und Schädlingen befallen sind, sofern sie sich im Boden vermehren oder überdauern.

Fällt reichlich Rasenschnitt an, werden die Papiere nicht vorgeweicht, damit sie saugfähig bleiben und die überflüssige Feuchtigkeit aufnehmen.

Papier und Pappe sind kalireich (0,5 %), aber phosphatarm (0,1 %) und stickstofffrei. Deshalb sind je 10 kg Kompost 1 bis 1,5 kg Guano oder ein anderer Geflügeldünger aufzustreuen.

Altkompost ist Hefe für den Kompost

Einen schnellen Rottestart garantiert eine Schaufel vom alten Kompost, gleichmäßig lagenweise eingekrümelt, es muss gar nicht viel sein. Blut-, Horn- und Knochenmehldünger sind ebenfalls Aktivierungsmittel für die Kompostherstellung. Ihr Stickstoffgehalt liegt zwischen 10 und 14 %, sie wirken umso flotter, je feiner sie gemahlen sind.

Ein guter Wurm frisst alles

Die besten Tipps zur Bodenpflege mit Regenwürmern

Regenwürmer liefern höhere Ernten

Beete mit Regenwürmern liefern 2,5-mal höheren Ertrag als Vergleichsflächen ohne, denn die Regenwürmer lockern den Boden auf, verdauen ihn zu beständigen, nahrhaften Krümeln, und zwar jährlich bis zu 5 bis 8 kg/m^2.

Im Regenwurmkot sind fünfmal mehr Stickstoff enthalten als in normaler Gartenerde, siebenmal so viel Phosphat, elfmal so viel Kali. Hinzu kommen zahlreiche Spurenelemente wie Magnesium.

Ein guter Wurm frisst alles

Außer Metall und Plastik gibt es nicht viel, was der Regenwurm nicht frisst. Experten glauben sogar, dass er ein gewisses Maß an Schadstoffen abbaut.

Einen verwöhnten Magen haben Regenwürmer nicht. Sie fressen unter anderem Laub, Heu, Nadeln von Koniferen, Erden, Aschen, Steinmehl, Kleintier- und Geflügelmist, Kraut und Unkraut, darunter auch Brennnesseln, Schafgarbe und Löwenzahn.

Nur zwei Arten leben in der organischen Masse der obersten Krume. Zwei andere Arten findet man tiefer. Eine Art ist jede Nacht über der Erde zu finden.

Auf frisch bestellten Beeten fällt der Regenwurm über die Jungpflanzen her und zieht sie in seine Röhren hinab.

Dasselbe passiert auf frisch gemähtem Rasen, wenn der Rasenschnitt nicht sauber abgefegt oder von saugfähigen Geräten in einen Auffang geblasen wird.

Sie verbreiten sich mit Vögeln

Viele Regenwürmer werden von Vögeln gefressen. Die Eikapseln überstehen die schnelle Verdauung unversehrt und werden ausgeschieden. Ist der Boden für die weitere Verbreitung geeignet, entwickeln sich daraus Jungwürmer, die nach 2 bis 3 Wochen beginnen, sich erneut zu vermehren.

Um die Besiedlung zu verdichten, verwendet man Baldrianblüten-Extrakt, Montigel, Meerwunder, Basalt-, Horn- und Blutmehl als Lockstoffe.

Im Gartenboden lässt sich der Bestand erhöhen, wenn hier mit Küchen-, Gemüse- und Obstabfällen, Papier, Wellpappe, Kaffeesatz oder Rohkompost abgedeckt wird.

Auf einer freien Fläche breitet man den zerkleinerten Inhalt des Komposters aus, setzt eine flache Miete auf und deckt schwarze Mulchfolie darüber. In solchen Haufen ist bald eine deutlich erhöhte Regenwurmdichte anzutreffen.

Sie sind fruchtbar und vermehren sich

Sind nicht genug Regenwürmer im Boden vorhanden, bestellt man bei einer seriösen Wurmfarm einen Zuchtstamm vom »Tennessee Wiggler«, der den deutschstämmigen Mistwürmern in konkurrenzloser Gefräßigkeit weit überlegen ist. Der Kalifornier wandert nicht so schnell aus, sondern geht bei Futtermangel tiefer und lockert untere Bodenschichten auf.

Zur Vermehrung von Regenwürmern genügt schon ein junger Zwei- oder Dreimonatskompost, der 50 cm hoch aufgesetzt, angefeuchtet und mit Klarsichtfolie abgedeckt wird.

Legt man im Herbst 50 cm Stroh darüber, wimmelt es darin sogar im Winter von Regenwürmern und Brut.

Kompostsilos mit Blechwänden sind hervorragende Aufzuchtbehälter, weil sie die Regenwürmer zugleich sicher vor Kröten, Maulwürfen und Vögeln schützen.

Aufzucht in der Obstkiste

Alte Obstkisten haben sich am besten für die Aufzucht bewährt. Sie werden mit Wellpappe ausgelegt, dann wird 5 bis 10 cm hoch Zweimonatskompost eingefüllt.

Darauf breitet man den Zuchtansatz oder Regenwürmer aus dem Garten aus, darüber durchgefeuchtete Wellpappe, wieder Kompost und so weiter.

Die Zuchtkisten werden im Schatten aufgestapelt und unter einer Abdeckung gleichmäßig feucht gehalten.

Nach 4 Wochen werden die Kisten umgestülpt und die ausgewachsenen Tiere entnommen.

Die halb verrottete Wellpappe, voll besetzt mit Eiern und jungen Würmchen, wird in die nächsten Kisten eingelegt.

Wohin mit den vielen Würmern?

Sollen die selbst vermehrten Regenwürmer den Besatz im Garten verdichten, verteilt man sie gemischt mit Kompost an einem regnerischen Tag oder gegen Abend über das Land.

Optimal ist eine Bestandsdichte von 200 bis 400 Regenwürmern auf 1 m^2 Freilandfläche.

In Blumentöpfen keine Regenwürmer

Blumentopferde sollte regenwurmfrei sein; deshalb stellt man die Töpfe 1 Stunde in Wasser, so dass alle Würmer herausgekrochen kommen.

Wurmkur für den Rasen

Die höchsten Regenwurmzahlen werden unter der Blumenwiese ermittelt, weil sie dort ungestört sind und reichlich zu fressen haben.

Unter dem Kurzschnittrasen sind sie weniger erwünscht, weil einige Arten die Angewohnheit haben, ihre Kothäufchen an der Oberfläche abzusetzen. Das ergibt mit der Zeit einen rutschigen Belag, der stört.

Um den Regenwurmbesatz etwas zu verringern, lässt man keine Rasenschnittschnipsel liegen und nimmt Rasensand und schwefelsaures Ammoniak statt der üblichen Rasendünger.

Dichten Besatz von Wurmhäufchen soll man nicht breittreten oder flach walzen, sondern mit scharfem Besen abkehren.

Nachts, wenn die Schnecken kommen

Die besten Tipps für natürlichen Pflanzenschutz

Pflanzen helfen Pflanzen

Ackerschachtelhalm, Brennnessel und anderen Wildkräutern ist eine Wirkung auf Schädlinge angedichtet worden, die sie nie hatten.

Jetzt aber ist nachgewiesen, dass einige Nelkengewächse tatsächlich einen wohltuenden Einfluss auf andere Pflanzen ausüben. Sie stärken die Widerstandskraft gegen Schädlinge und viele Krankheiten.

Aus diesen Kräutern hat man ein Pulver gewonnen, von dem 1 g in 5 l Wasser ausreicht, um 5 m^2 Gartenfläche für Blumen und Zierpflanzen vorzubereiten.

Für Gemüse wird eine zweite Gabe 2 bis 4 Wochen nach der Aussaat oder Pflanzung empfohlen. Danach kann die normale Düngemenge verringert werden.

Diese Bioregulatoren haben einen starken Einfluss auf das Keimen und das erste Wachstum. Die gesamte weitere Entwicklung der Pflanzen kann verbessert werden.

Den Wachstumsstart fördert auch Löwenzahn, 2 kg auf 10 l Wasser als Brühe, Tee oder Gärwasser.

Das Wachstum fördert nachhaltig 1 kg Beinwellkraut auf 10 l Wasser, als leicht angegorene Brühe, auf 1:3 verdünnt. So können im Boden vorhandene Kalireserven aufgenommen werden.

Knoblauch wissenschaftlich untersucht

Knoblauch-Extrakt schränkt die Fortpflanzung der Grünen Pfirsichlaus merklich ein.

Extrakt stellt man her, indem 500 g Knoblauchzehen in 1 l kochendes Wasser geschüttet werden und der abgekühlte Sud durchgeseiht wird. Erdbeermilben verziehen sich, wenn man diese Brühe ab Mai zweimal über die Reihen und den Boden spritzt.

Knoblauch soll auf diese Weise gegen Knospenfraß und Wühlmausbefall hilfreich wirken.

Die Kräuselkrankheit soll sogar schon verschwinden, wenn man Knoblauch nur darum herum pflanzt.

Dasselbe wird empfohlen, wo Bakterien- und Pilzkrankheiten auftreten, ebenso im Ziergarten, wo die Knoblauchpflanzen zwischen den anderen kaum auffallen.

Schachtelhalm gegen Pilzkrankheiten

Unstreitig ist die Wirkung des Ackerschachtelhalms auf Pilzkrankheiten infolge des hohen Kieselsäuregehalts.

Das frische Kraut wird eingeweicht und vergoren oder das trockene mit 100 g auf 1 l Wasser kalt angesetzt und eine ½ Stunde auf kleinster Stufe gekocht.

Dann wird eine Verdünnung von 1:5 hergestellt, bevor gegossen wird.

Es genügt auch, 15 g frische oder getrocknete Halme in 1 l Wasser einzuweichen. Damit kann schon vorbeugend gegossen werden.

Schachtelhalmpulver wird mit 200 g auf 1 l Wasser 1 Stunde leicht gekocht und 1:10 verdünnt, wenn nur vorbeugend gespritzt werden soll.

Die Konzentration setzt man im Verhältnis 1:5 herauf, wenn befallene Pflanzen gespritzt werden.

Gegen Blattläuse setzt man 20 g in 1 l Wasser auf und kocht das getrocknete Kraut durch, bevor es abgesiebt und im Verhältnis 1:3 verdünnt wird.

Heilpflanzen gegen Schädlinge

Gegen tierische wie pflanzliche Schädlinge hilft ein Auszug von 300 g Rainfarn auf 1 l Wasser, als Tee 1:2 verdünnt.

Wurmfarn wird getrocknet ausgelaugt und 1:10 verdünnt gegen Blut-, Schild- und Schmierläuse eingesetzt.

Blattläuse, Rost und Milben vertreibt eine Lösung aus 100 g Wermut in 1 l Wasser, 1:3 verdünnt.

Gegen Pilzkrankheiten lässt man Zwiebelschalen ziehen und spritzt damit den Sommer über alle 4 Wochen.

Blattläuse weichen dem scharfen Tee ebenfalls aus, wenn man schon bei Befallsbeginn öfter damit spritzt und den Boden benetzt.

Pfefferminztee stört Erdflöhe und Ameisen.

Kamillentee macht Saatgut keimfrei, das darin gebadet wird.

Kapuzinerkresse, Dill und Hanf schmecken dem Kohlweißling nicht.

Kartoffelkäfer fliehen vor Meerrettich und Flachs.

Das Wasser aufgebrühter Meerrettichblätter wird alle 2 bis 4 Wochen im Wechsel mit Schachtelhalmsud auf alle Bäume gespritzt, die unter Monilia zu leiden haben.

Mücken und Fliegen meiden den Duft von Basilikum.

Lavendel gegen Blattläuse

Die stark verzweigten Halbsträucher des Echten Lavendels aus dem Mittelmeergebiet schrecken zwischen Rosen gepflanzt Blattläuse ab.

Sie werden 30 bis 60 cm hoch und blühen weiß, dunkelblau oder rosa, so dass zu jeder Rosenblütenfarbe die passende Sorte Lavendel ausgesucht werden kann.

Tabak schadet Schädlingen

Nikotin war eines der ersten und wichtigsten Schädlingsbekämpfungsmittel gegen Blattläuse, Blasenfüße, Schildläuse, Blattwanzen, Wurzelläuse und -milben. Raucher streuen Tabakasche dick auf Blattlauskolonien.

Pyrethrum, das scharfe Insektengift

Aus Chrysanthemenarten gewonnenes Pyrethrum ist nach dem Nikotin das schärfste pflanzliche Insektengift und doch für Mensch und Tier nicht schädlicher als Badeschaum.

Da die Wirkstoffe in Licht, Luft und Wärme schnell in absolut harmlose Bestandteile zerlegt werden, muss damit öfter gespritzt und bestäubt werden.

Korbblütler töten Älchen

Bodenlebende Nematoden, bis zu 1 mm lange Fadenwürmer, die vom Pflanzensaft leben und großen Schaden anrichten, werden von einjährig wachsenden Studenten- und Ringelblumen, Sonnenhut und Mädchenaugen bis zu 95 % abgetötet.

Als Älchenköder dienen auch Salat- und Spinatpflanzen, die ausgegraben und vernichtet werden, nachdem sich an ihren Wurzeln zahlreiche Fadenwürmer angesaugt haben.

*

Kohlhernie auf Goldlack

Geschwollene Wurzeln, die später braun werden und faulen, beweisen, dass Kohlhernie auch andere Kreuzblütler befällt. Da sich der Pilz in neutralem und alkalischem Boden gehemmt entwickelt, wird reichlich Kalk gestreut.

Holz als Pflanzenschutzmittel

Extrakte des Essigbaums bekämpfen die Grüne Pfirsichblattlaus, Bleiche Getreideblattlaus und Schwarze Bohnenblattlaus.

Ebenso wirksam und zugleich harmlos sind die Extrakte des amerikanischen Quassiaholzbaumes. Gegen Raupen, Fliegen, Blattwanzen und -wespenlarven wirkt es als Berührungsgift.

150 g Späne werden in 2 l Wasser ausgekocht, dann lässt man sie 24 Stunden ziehen. Dazu wird ½ l Wasser gerührt, in dem 250 g Schmierseife gelöst sind, bevor der Brei in 10 l Wasser verdünnt wird.

Der Neembaum enthält in seinen Blättern und den ungenießbaren, bitteren Früchten vielseitig hochwirksame Stoffe, die unter anderem Schädlinge beseitigen.

Dafür genügt eine Brühe aus pulverisierten Kernen und Blättern, die jeder leicht herstellen kann.

In der Rinde unserer heimischen Weiden ist reine Salicylsäure (Aspirin) enthalten. Sie lindert nicht nur unser Kopfweh, sondern macht auch Pflanzen widerstandsfähiger gegen eine Reihe von Krankheiten.

Rein pflanzliche Abschreckung

Eine Mischkultur von Bohnen, Tomaten und anderen stark duftenden Pflanzen hält Kohlweißlinge davon ab, an den Blattunterseiten ihre Eier anzuheften.

Werden Farnblätter auf dem Boden rund um die Pflanzen verteilt, schreckt das zugleich Nacktschnecken ab.

Neu entdeckt wurde die Nebenwirkung, dass ein Ring aus weißem Senf, der um die Gemüsebeete gesät wird, zuverlässig alle Nacktschnecken fernhält.

Gelege und Jungraupen verschwinden, wenn sie von einer 3%igen Wermutlösung angefeuchtet werden.

Es hilft ebenfalls, dreimal in der Woche mit einer Brühe zu spritzen, in der mehrere Stunden lang die Geiztriebe von Tomaten eingeweicht wurden.

Die Biologische Bundesanstalt fand heraus, dass Salbei-Extrakt die Kohlfliegen abschreckt. Die kleinen Fliegen sind im Gemüsebau so schädlich, dass schon viel gewonnen ist, wenn sie auf behandelten Blättern weniger Eier ablegen.

Überhöhte Nitratwerte im Garten können gesenkt werden, wenn als schnell wachsende Zwischenkultur der neue Ölrettich ›Pegletta‹ gesät wird. Er wird nicht von Kohlhernie befallen und holt in einem Sommer bis zu 90 cm tief 4 kg Reinstickstoff aus 100 m^2 Boden.

Hausbau für Florfliegen

Die Gemeine Florfliege (Goldauge) ernährt sich nicht nur von Blattläusen in großen Mengen, sondern ebenso von Milben und vielen anderen schädlichen Kleininsekten.

Ihr Nahrungsbedarf bei niedrigen Temperaturen ist höher: bei 18 °C frisst jedes Tier 715 Blattläuse, bei 24 °C nur die Hälfte.

Echte Überlebenschancen im Winter haben frei lebende Florfliegen nur in Scheunen und Dachböden. Deshalb ist nun ein Florfliegenhäuschen entwickelt worden.

Das ist ein würfelförmiger, mit Weizenstroh gefüllter Holzkasten von 30 cm Seitenlänge, der Anfang September auf einen 150 bis 180 cm hohen Pfahl gestellt wird, am besten frei auf den Rasen, damit sich die Florfliegen besser orientieren können.

Ein roter oder brauner Anstrich dient als Lockfarbe, eine Seitenwand ist lamellenförmig geöffnet.

Bazillus gegen Raupe

Über 150 Raupenarten werden vom *Bacillus thuringiensis* befallen, der deshalb in Form von Sporen ausgebreitet wird, die in Gärtanks produziert und zu einem Spritzpulver verarbeitet werden.

30 Milliarden Sporen sind in 1 g des aus *Bacillus thuringiensis* gewonnenen biologischen Präparats enthalten.

Ohrwürmer in Maßen nützlich

Ohrenkneifer haben sich als eifrige Blattlausvertilger bewährt. Sie fressen auch andere pflanzenschädliche Insekten wie Milben, Maden und Raupen.

An Gehölzen machen sie sich nützlich, indem sie moosige Rinden, in denen Schädlinge versteckt sitzen, sauber abweiden.

Als Schlupfwinkel haben sich mit Holzwolle gefüllte Blumentöpfe bewährt, die man umgekehrt aufhängt.

Damit die Füllung nicht herausfällt, biegt man einen starken Draht spiralförmig, schiebt das längere Ende durch das Abzugsloch, dreht dann die Spirale in die Holzwolle ein und biegt am anderen Ende einen Haken zum Aufhängen.

Damit sich Ohrwürmer einfinden, stellt man die Töpfe zunächst leicht angekippt auf den Erdboden.

Durch kleine Schlupflöcher dringen sie lieber ein als durch große Öffnungen. Deshalb werden die Töpfe unten zugebunden und nur schmale Spalte offen gelassen.

Die beliebten »Ökokugeln« dienen Ohrwürmern ebenfalls als Quartier. Im Handel sind richtige Ohrwurmnester zu bekommen.

Schlupfwespen suchen lebende Wiegen

Allein in Mitteleuropa leben 3000 Arten von Schlupfwespen, die ihre Eier in lebenden Raupen und Larven ablegen, in denen diese heranwachsen, wobei der Wirt abstirbt.

Marienkäfer und andere Nützlinge

Eine einzige Marienkäferlarve (Blattlauslöwe) frisst in 20 Tagen bis zu 1000 Blattläuse, Blasenfüße (Thrips), Schildläuse, Milben und andere Schadinsekten.

Andere Nützlinge sind im gewerblichen Gartenbau Praxis reif geworden und seit kurzem in Kleinpackungen auch für Hobbygärtner zugänglich.

So bekommt man von Neudorff Raubmilben gegen Rote Spinne, Schlupfwespen gegen weiße Fliegen, räuberische Gallmücken gegen Blattläuse und Nematoden gegen Dickmaulrüssler. Jede Lieferung hat eine ausführliche Anwendungsbeschreibung.

Es sind durchweg heimische Arten, deren Freilassung für Mensch und Tier unbedenklich ist. Sie vermehren sich nicht weiter, wenn sie nichts mehr zu fressen finden. Im Freiland können sie ohnehin nicht überleben.

Schwebfliegen stehen in der Luft

Schwebfliegen halten sich stets in der Nähe blühender Pflanzen auf; denn sie ernähren sich von Nektar und Pollen. Ihre 1 bis 2 mm großen, weißen Eier legen sie in der Regel in Blattlauskolonien ab.

Die schlüpfenden Larven haben keine Füße, sondern bewegen sich schneckenförmig fort. Nachts gehen sie auf Blattlausjagd, indem sie mit dem Vorderteil ihres Körpers die Umgebung abtasten. Finden sie Läuse, werden diese hochgehoben und ausgesaugt. Bis zum Verpuppen nach 2 Wochen, macht jede von ihnen bis zu 900 Blattläuse unschädlich.

Schwebfliegen mögen Wiesen mit blühenden Kräutern, wilden Möhren, Schafgarbe und Wegerich. Auch mit blühendem Dill, Kerbel und Petersilie kann man sie erfolgreich anlocken.

Ins Netz gegangen

Große Spinnen gehören allgemein nicht zu den Lieblingstieren, doch sie zählen zu den nützlichsten Pflanzenschützern. Sie verzehren alles, was in ihre Netze geht. Der Spinnenforscher William Turnbull hat errechnet, dass die von Spinnen auf den britischen Inseln pro Saison vertilgten Insekten so viel wiegen wie alle Einwohner zusammen.

Die Spring- und Wolfsspinnen jagen außerdem Käfer, Raupen, Wanzen und Läuse. Im Freiland besteht ihre Beute überwiegend aus kleinen, weichhäutigen Insekten wie Blattläusen, Blattsaugern, Fliegen, Milben und kleinen Raupen.

Kürbisspinnen bewältigen in ihren Netzen kleine bis mittelgroße Käfer.

Selten und in geringem Maße werden Larven von Marienkäfern erbeutet.

Keine Angst vor Wespen

Die europäischen Wespenarten sind als Fleischfresser nützlich, weil sie viele schädliche Insekten verzehren.

Nach dem Nestbau in der Erde, in hohlen Bäumen oder an Dachbalken entwickelt sich rasch ein Staat von einigen Dutzend bis zu über 3000 Tieren.

Für die Aufzucht der Larven müssen Arbeiterinnen Unmengen von Raupen und anderen Insekten heranschaffen. Sie sind damit so beschäftigt, dass sie bis zum Herbst kaum Früchte annagen.

Für Wildbienen, Wespen und Hornissen kann man Nistgelegenheiten kaufen. Oft genügt aber ein Bündel Langstroh, das in ein Rohr geschoben aufgehängt wird.

Spitzmäuse sind Insektenfresser

Nur oberflächlich gesehen ähneln Spitzmäuse den Nagetieren. Ihr spitzzahniges Gebiss weist sie als Insektenfresser aus wie Maulwurf, Igel und Fledermaus.

Es sind rastlose Jäger, die Sommer wie Winter gleichermaßen vom Hunger getrieben werden. Ohne

Beute würden sie binnen Stunden verhungern. Deshalb wird alles aufgefressen, was unter Laub und Erde, unter Gras und Gestrüpp an Spinnen, Larven, Puppen, Würmern, Käfern und Schnecken zu finden ist.

Kaum eine andere Tierart hilft während der kalten Monate so wirksam dabei, die Überwinterungsform von Schadinsekten zu vertilgen. Sogar Haus- und Feldmäuse werden von diesen Bodenjägern überwältigt.

Siebenschläfer werden nachts munter

Die Schlafmäuse oder Bilche der Arten Baum- und Gartenschläfer, Haselmaus und Siebenschläfer sind nicht nur schutzwürdig, weil selten, sondern ebenfalls Insektenfänger, außerdem jagen sie kleine Wirbeltiere.

Wegen des geringen Schadens an Obst und Samen sollte man die Nester auf keinen Fall abnehmen und ihren Winterschlaf, der länger als 6 Monate dauert, sorgsam behüten, indem ein Schutz vor Raubzeug und Katzen angelegt wird.

Keine Vorwürfe gegen Maulwürfe

Der Maulwurf zählt zu den geschützten wild lebenden Tieren und darf deshalb nur vertrieben, nicht getötet werden.

Der Maulwurf ist kein Pflanzenfresser, er schadet jedoch durch seine Wühlarbeit im Rasen oder zwischen Polsterstauden.

Gefundenes Fressen sind für ihn Drahtwürmer, Engerlinge, andere Insektenlarven, Erdraupen, Wiesenwürmer, Mäuse und Schnecken.

Keine Milch für Igel

Ein Igelpärchen im Garten ist der wirksamste Schutz vor Wühlmäusen. Zusammen mit ihren zahlreichen Nachkommen vertilgen sie zusätzlich große Menge von Käfern, Larven, Würmer, Insekten, Schnecken.

Wenn man in die Nähe ihres Unterschlupfs eine kleine Ecke Grünfutter sät, lassen sie die jungen Gemüsesetzlinge in Ruhe.

Keinesfalls sollte man ihnen ein Schälchen Milch hinstellen, das bekommt ihnen gar nicht. Dafür aber regelmäßig reichlich frisches Wasser.

Wenn zugefüttert werden muss, gibt man Igeln rohes Fleisch, Eier, Obst aller Art.

Die Paarungszeit beginnt unmittelbar nach dem Winterschlaf. Dafür brauchen sie unter dichtem Gestrüpp in trockenem Laub eine gut ausgepolsterte Höhle.

Appetit auf Schnecken

Erdkröten und Frösche zählen zu den besten Schneckenverzehrern. Man muss ihnen nur einen Unterschlupf und ausreichende Ernährung sichern.

Lederlaufkäfer werden über 4 cm lang und tragen wie Leder gerunzelte, schwarze Flügeldecken; sie leben an feuchten Plätzen und am liebsten von Schnecken.

Eine kleine Wasserfläche, naturnah bewachsen, ist zur Laichablage und als Lebensraum für Libellen geradezu ideal. Sie sind geradezu gefräßige Insektenfresser und Nacktschneckenvertilger.

In sonnigen Trockenmauern, Steingärten und Polsterstauden lebt die Blindschleiche, die gar keine Schlange, sondern eine Eidechse ohne Beine ist. Sie braucht neben solchem Unterschlupf nur wenig Futter und viele Nacktschnecken.

Selbst alte Schneckenhäuser helfen; denn darin nisten die Puppen der Glühwürmchen, die nichts anderes als Schnecken anrühren (und im Sommer die Herzen, wenn sie an warmen Abenden um die Hecke schwärmen).

Von den rund 600 Laufkäferarten, die in Europa vorkommen, wird einer nachts in den Gärten aktiv auf der Jagd nach Insekten, Würmern und Schnecken. Er ist zu erkennen an den goldigen Grübchen längs den schwarzen, seidig glänzenden Flügeldecken.

Der Goldlaufkäfer, der auch Goldschmied und -henne genannt wird, wird fast 3 cm lang und ist wunderschön goldgrün gefärbt. Am liebsten ernährt er sich von Insektenlarven, Würmern und Schnecken, und das bis zur mehrfachen seiner eigenen Körpergröße.

*

Helft den armen Vögeln

Nistkästen sollten bereits im Herbst aufgehängt werden, damit Reinigungs- und Desinfektionsmittel verdunsten.

Nachdem die Jungvögel flügge sind, werden alle Kästen abgehängt, geleert und insektenfrei gemacht.

Für Freibrüter können Zweige so zusammengebunden werden, dass Nistunterlagen entstehen.

Winterfütterung nie unterbrechen

Auch wenn es zwischendurch taut, sollte die Winterfütterung der Singvögel im Garten nie unterbrochen werden; denn so schnell finden sie keine Futterquelle.

Das gilt insbesondere im Vorfrühling, weil nicht von einem Tag zum anderen so viel Insekten schlüpfen, dass alle davon satt werden können.

*

Sommertränke immer frisch füllen

Die Vogeltränke ist im Sommer fast noch wirksamer als der Futterplatz für Vögel, weil sie nur in flachem Wasser baden und trinken können. Es muss dabei verhindert werden, dass sich Katzen ungesehen anschleichen können.

Selbst wenn die Tränke an Regentagen voll ist, sollte man das Wasser regelmäßig ausgießen, die Schale sauber ausreiben und frisches Wasser einfüllen.

Vögel gehen nicht gern ins Netz

Den besten Fruchtschutz geben kleinen Baumformen und dem Strauchbeerenobst ein Gewirr von Fäden der verschiedensten Art. Die Vögel scheuen es, mit den Flügeln daran zu stoßen.

Schleier aus synthetischen Fasern sind billiger und leichter lückenlos überzulegen; bei schonender Behandlung können sie nach der Ernte zusammengerollt und ein zweites Mal ausgebreitet werden.

Nach der Ernte lässt sich das hauchdünne Zellulosegespinst in Sekundenschnelle und deshalb völlig gefahrlos für den Obstbaum abbrennen.

Wasser lenkt Knospenfresser ab

Dompfaffen, Buchfinken, Grünfinken und Sperlinge, die Beerenobstknospen im Frühjahr zerpicken, lassen sich mit Vogeltränken ablenken, da es ihnen offenbar mehr um das im Frühjahr zeitweise knappe Wasser geht.

Wo das nicht reicht, können die Knospen mit Kalk oder anderen Vergällungsmitteln halbwegs vogelsicher gemacht werden.

Eine Lösung von 100 g Kochsalz, in 10 l warmem Wasser aufgelöst, über die Sträucher gespritzt, hält die Grünschnäbel ebenfalls fern.

Zwei Stückchen Glas verscheuchen Vögel

Wirksamer als der Hering im Kirschbaum verscheuchen mehrere Glasstücke die Vögel garantiert, wenn sie so zusammengebunden werden, dass sie schon bei der geringsten Luftbewegung klirren und blinken.

Es ist beobachtet worden, dass Vögel selbst Salzheringe lebhaft angepickt haben und danach mit umso größerem Durst auf die Früchte losgegangen sind.

Lausige Zeiten für Körnerfresser

Spatzen und andere Körnerfresser sind als Insektenvertilger ebenfalls nicht zu verachten, da sie während der Brutzeit kaum reife Samen finden und deshalb massiv Blattläuse, Raupen und andere Schädlinge abräumen.

Deshalb sind im Garten grundsätzlich nur solche Mittel der Vogelabwehr zugelassen, die Saaten und Sämlinge schützen, nicht aber die Vögel vertreiben.

Amseln lieben Krokusse

Niemand hat bisher herausgefunden, weshalb die Amseln im Frühjahr ausgerechnet über die Krokusse herfallen und sie zerzausen.

Trinkwasser in die Nähe der Krokusse zu stellen, hat geholfen, denn man hat beobachtet, dass die Vögel die Blüten dann zufrieden lassen.

Oder: Ein Tropfen Kampferöl nimmt den Amseln den Spaß daran, die Blüten gelber Krokusse zu zerfleddern.

Nur locker einbinden

Praktiker raten ab, die noch nicht borkigen Stämme in Schilf, Stroh, Nadelholzzweige oder Sonnenblumenstängel einzubinden, weil das die Rinde verweichlicht und Mäuse anlockt. Es muss also locker genug gebunden werden.

Dieselben Leute wollen gute Erfahrungen mit Zeitungs- und Packpapier gemacht haben, das in dicken Lagen um die Stämme gewickelt wurde.

Besser ist Dornengeflecht vom Heckenschnitt oder aus dem Rankrosenbusch.

Es hilft ebenfalls schon etwas, die beim Baumschnitt abgefallenen Zweige rund um den Stamm liegen zu lassen; das behindert zum einen den Zugang und zum anderen können die Zweige selber benagt werden.

Weniger Umstand und zugleich Schutz vor Wildverbiss hat man mit Plastikmanschetten, die ausreichend durchlöchert sind, damit die Rinde Luft bekommt und nicht verweichlicht wird.

Plastikmanschetten sind nur dann zugleich ein Wildschutz, wenn sie nicht aus Spiralen bestehen; denn die werden beiseite gedrückt.

Manschetten müssen im Frühjahr rechtzeitig entfernt werden, so dass sie die Erwärmung nicht verhindern. Anschließend wird überprüft, ob sich etwa Schädlingskolonien unter dem Winterschutz angesiedelt haben.

Seife macht sauber

Blattläuse verschwinden, wenn 10 bis 15 g Seife in 10 l Wasser gespritzt werden.

Da die Obstgehölze zu den Rosengewächsen gehören, müssen alle anderen Rosaceen in der Nähe wie Cotoneaster, Geum, Spireen und viele andere in der gleichen Weise behandelt werden.

Pflanzenschutzseife, wie sie im Weinbau benutzt wird, hilft im Garten gegen zahlreiche Schädlinge.

In einer Lösung von 7,5 g auf 1 l Wasser sind Blattläuse sauber abgewaschen.

Weit mehr brauchen Raupen: 50 g auf 50 cm^3 Spiritus.

Für Spinnmilben und Schildläuse fügt man statt dessen 4 Esslöffel Petroleum hinzu und verdünnt das Ganze in 20 l Wasser.

Aus 200 g Schmierseife, 100 g Brennspiritus und 10 g Salicylsäure (wird beim Einkochen von Marmelade verwendet) in 10 l Wasser wird ein Rosenspritzmittel gemischt, das gegen Echten Mehltau, Blattläuse und Zikaden hilft.

Einfach Gras darüber wachsen lassen

Die besten Tipps zur Rasen- und Wiesenpflege

Am besten im Schachbrettmuster

Kein Streuwagen verteilt den Rasensamen so gleichmäßig wie vier Latten, die zu einem Quadrat von 100 cm Seitenlänge zusammengenagelt wurden.

Die Saatgutmenge für diese Fläche wird ausgewogen und zwischen Daumen, Zeige- und Mittelfinger ausgestreut, Kästchen neben Kästchen.

Den Boden am besten im Frühjahr vorbereiten und erst im Herbst säen. Das ist so gut wie immer und überall die beste Jahreszeit dafür.

Kahle Stellen in einer Neusaat können vier Gründe haben: mangelhaftes Saatgut, zu nasser Boden, heiße Sonne oder hungrige Vögel. Die Stellen werden gut durchgeharkt und dick nachgesät.

Rasensamen festtreten

Zum Schutz vor Vogelfraß und damit die unterschiedlich schweren Grassamen sich nicht vermischen, lässt man die Körner nicht auf der Oberfläche liegen, sondern häckelt sie mit einem Eisenrechen in die lockere Oberkrume.

Mit zwei Brettern, die unter die Schuhe gebunden oder an Schnüren festgehalten werden, stellt man den Bodenschluss her.

Wenn man selbst zu viel Gewicht auf die Waage bringt, lässt man lieber ein Kind die Rasensaat festtreten.

Nach dem ersten Schnitt tritt man den vom Keimen angehobenen Boden fest, damit sich mehr Seitentriebe bilden.

Regnerwasser statt Regenwasser

Reichen die Niederschläge oder nächtlicher Tau nicht, um die keimende Saat gleichmäßig feucht zu halten, dann wird mit Nebeldüsen so fein wie möglich nachts beregnet.

Tagsüber wird der Regner angestellt, um die Sämlinge vor saaträuberischen Vögeln zu schützen. Netze helfen auf kleineren Flächen ebenfalls.

Wird oft und wenig bewässert, bilden die Gräser hauptsächlich flache Wurzeln; außerdem werden flachwurzelnde Unkräuter gefördert. Deshalb muss der Boden jedes Mal mindestens 10 cm tief durchgefeuchtet werden.

Wassermangel zeigt sich zunächst als bläulicher Schimmer über der Rasenfläche, die Halme wirken welk.

Wer will schon Heu ernten

Hungerrasen sieht nicht bloß dürftig aus, er ist auch krankheitsanfällig. Deshalb geht es nicht ohne Nährstoffe.

Die Nährstoffansprüche sind jedoch nicht immer gleich: Im Frühjahr wird Stickstoff verlangt, im Herbst Phosphor und Kali.

Düngen will gelernt sein

Selbst alte Rasenhasen haben schon Löcher in die Narbe gebrannt, wenn sie Mineraldünger freihändig ausgestreut haben. Auch Langzeitdünger sind dagegen keine Sicherheit.

Der Streuwagen ist vor allem an den Wendepunkten ein zusätzliches Risiko, deshalb besser gar nicht wenden, sondern über die Rasengrenze hinausfahren und dann erst umsetzen – Radspur in Radspur.

Bevor Dünger ausgestreut wird, sollten die Gräser trocken sein, damit die Körner nicht kleben bleiben.

3 oder 4 Tage vor dem Düngen sollte der Rasen gemäht werden, so dass nichts im Halmgewirr hängen bleibt.

Eisen räumt mit dem Moos auf

Gegen Moos wird kein Kalk gestreut; denn der darf nur gegeben werden, wenn der pH-Wert zu weit abgesunken ist: zwischen 4 und 6 pH gefällt es den meisten Rasengräsern am besten.

Moosansatz beseitigen vielmehr 50 bis 60 g Eisenvitriol in einer 10-l-Kanne Wasser, wovon 1 l auf 1 m^2 ausgegossen wird.

Wichtiger als Eisen ist: die Ursache des Vermoosens zu beseitigen. Das sind: Verdichtung, mangelnde Pflege, Nässe, Schatten, zu kurzes Mähen.

Rasensand hilft gegen die meisten gewöhnlichen Unkräuter bei wiederholter Behandlung; einige sind sogar schon nach dem ersten Mal restlos und anhaltend verschwunden.

Rasen-Sand ist reiner, kalkfreier Fluss-Sand, kurzfaseriger Hochmoortorf und feinbröckeliger Lehm in unterschiedlicher Zusammensetzung. Für schweren Boden mehr Sand, für leichten mehr Torf und Lehm.

Auf dem Rasen soll gespielt werden

Die Grasnarbe wird dichter, wenn auf dem Rasen gelaufen und gespielt wird, weil die Tritte den Wuchs in die Breite fördern. Es entstehen mehr Seitentriebe, der Bestand verdichtet sich und wird dadurch widerstandsfähiger.

Gute Pflege, regelmäßiger Schnitt und richtiges Wässern (zu viel fördert manches Unkraut!) sind die beste Unkrautbekämpfung, ohne alle Chemie.

Tausendschön (Gänseblümchen) und Löwenzahn müssen im Rasen nicht mit allen Mitteln bekämpft werden; denn sie sind schöner als eine sterile Grasstoppelfläche.

Herbstlaub muss nicht mühsam abgefegt werden, wenn es beim letzten Rasenschnitt durch den Mäher gedreht und als Gemisch in den Kompostsilo eingetragen wird.

Rasenschnitt macht heiß

In der Kompostherstellung ist Rasenschnitt sehr wertvoll, nicht nur wegen seines Nährstoffgehalts, sondern weil richtig gepackte Lagen den Kompost bis auf 70 °C aufheizen können, so dass alle schädlichen Keime ausgebrannt werden.

Nach dem Mähen stehen häufig harte Blüten- und Samenstängel über dem kurz geschorenen Rasenteppich, wenn man nicht mit dem Sichelmäher arbeitet. Dagegen hilft nur eine Handsichel oder Grasschere, die auch für Rasenkanten gut geeignet sind.

Schnee wird nicht von der Rasenfläche geräumt, da er der beste Winterschutz ist, solange er locker und nicht vergletschert ist.

*

Kahle Stellen

Kahle Stellen werden in Quadraten ausgestochen und mit neuen Soden (Grasnarbe) belegt, nachdem der Untergrund mit der Grabegabel aufgelockert wurde.

Löcher am Rasenrand werden rechteckig in die Rasenfläche hinein ausgestochen, der Soden an den Rand geschoben und so abgestochen, dass er mit der Grenze abschneidet. Dann wird die Locke mit neuem Rasen ausgelegt.

Steht kein Fertigrasen zur Verfügung oder ist die Lücke zu groß, wird die Schadstelle aufgelockert und mit 30 g/m^2 neu eingesät.

Um Luft zu schaffen, muss die verfilzte Grasnarbe zerrissen werden, am besten mit einem Federbalken, der statt des Messers unter den Rotationsmäher geschraubt wird.

Sieht der Rasen danach aufgewühlt aus und deshalb zu dünn, mischt man dem Rasen-Sand oder einem anderen Top-Dressing 15 g Rasensamen pro 1 m^2 bei.

*

Lieber grunderneuern

Einen vernachlässigten Rasen sollte man nicht mehr aufpäppeln, sondern lieber von Grund auf erneuern. Man spritzt den Altrasen mit einem Kurzzeit-Herbizid, zieht die Reste nach 2 Wochen ab und streut dann reichlich Humusdünger.

Darin sät man 15 bis 20 g/m^2 einer Gräsermischung, die speziell zur Regenerierung geeignet ist, und legt eine Klarsichtfolie darüber, bis alle Gräser ausgekeimt sind.

Da wächst kein Gras mehr

Wo kein Gras mehr wächst, weil es zu schattig oder trocken ist oder wo das Mähen auf der Böschung zu mühsam würde, pflanzt man trittfeste, winterharte, rasenartig wachsende Stauden, von denen es viele gibt. Man unterscheidet immer- oder sommergrüne Arten sowohl für sonnige als auch für schattige Lagen.

Auf der Wiese blühen viele Kräuter

Aus dem Rasen wird keine Wiese, wenn man ihn nur nicht mehr mäht. Vielmehr muss die Grasnarbe eine Handbreit abgehoben werden.

Auf den nackten Boden wird 3 bis 5 cm hoch Sand gestreut, das sind etwa 1 m^3 auf 25 bis 35 m^2. Wo der Rasen geringe pH-Werte brauchte, muss aufgekalkt werden.

Wenn man die Fläche dann sich selbst überlässt, könnte in 2 bis 4 Jahren eine standortgerechte Wiese entstanden sein. Doch so geht es nicht.

Die Gartenwiese ist eine höchst anspruchsvolle Kultur ähnlich einer Staudenrabatte, nur mit anderer Besetzung. Die einjährigen Feld- und Wiesenblumen müssen jedes Frühjahr nachgesät werden; denn die Artenvielfalt nimmt rapide ab.

Die richtige Mischung

Zur Neusaat sollte man nicht über 300 g Saatgut auf 100 m^2 hinausgehen. Davon dürfen 175 g Gräser sein, und zwar je 60 g Horst bildende Rot- und Schafschwingel, 15 g Wiesenrispe, je 5 g Hain-, Sumpf- und Platthalmrispe, 10 g Kammgras, je 5 g Rotes Straußgras und Goldhafer, 3 g Ruchgras.

Auf dieser Grundlage werden 15 g Schmetterlingsblütler und 10 g einjährige Kräuter auf der Fläche verteilt. Im Einzelnen: 6 g Hornschotenklee, 3 g Esparsette, je 2 g Wund- und Gelbklee, je 1 g Luzerne und Rotklee.

Hinzu kommen je 2 g einjähriges Adonisröschen, Korn- und Wucherblume *Chrysanthemum segetum*, Schwarzkümmel, je 1 g Gold- und Klatschmohn.

Je 5 g werden gebraucht vom Kleinen Wiesenknopf und Lein. Dazu kommen 4 g frühe Wiesenmargeriten, 3 g Kümmel, je 2 g Wegwarte, Wiesen- und Echtes Labkraut, Braunelle, Wiesensalbei.

Jeweils 1 g kommt hinzu von Schafgarbe, Färberkamille, Akelei, Gänseblümchen, Glockenblume, Wiesenflockenblume, wilde Möhre, Karthäuser und Heidenelke, Ackerwitwenblume, Leinkraut, Kuckucksblume, Vergissmeinnicht, Bibernelle, Wegerich, Primel, Schlüsselblume, Ziest, Feldthymian, Duftveilchen.

Fertige Mischungen sind untersucht worden. Sie enthielten 80 % Gräser und 20 % Kräutersamen von 64 verschiedenen Arten, von denen 4 g auf 1 m^2 ausgesät werden sollen.

Der große Artenreichtum ist auf den meisten untersuchten Feldern im nächsten Jahr auf fünf Gräser und sechs Kräuter verarmt, in einem Fall sogar auf drei breitblättrige und zwei einkeimblättrige Arten.

Sinnvoller ist deshalb, aus einer artgerechten Liste einzeln auszusuchen, was auf dem Standort und der Bodenart eindeutig am besten gedeiht.

Gesundheit von der Kräuterwiese

Wildkräuter von der Gartenwiese sind untersucht worden und haben in vielen Fällen die dutzend- bis hundertfachen Werte an Vitamin- und Wertstoffgehalten gebracht. Es ist also ratsam, auf der Blumenwiese zahlreiche Würz- und Heilkräuter anzusiedeln, die sich auch als frischer Salat zur Frühjahrskur eignen.

Nicht mähen reicht nicht

Die Wildwiese muss gemäht werden, auf die Blühphasen der Wiesenkräuter abgestimmt, das heißt nach der Frühjahrsblüte, um Platz zu schaffen für alle, die nach dem ersten Schnitt zum zweiten Mal oder überhaupt erst blühen.

Der erste Schnitt erfolgt also Ende Mai bis Anfang Juni, der zweite Ende September bis Anfang Oktober. Wo einzelne Arten zu wild wuchern, kann Rückschnitt öfter angezeigt sein.

Größere Flächen sollten nicht auf einmal gemäht werden, sondern in zwei, drei Teilstücken mit mehreren Tagen Abstand, damit die Kleintiere Zeit haben, auf dem noch nicht gemähten Stück Zuflucht zu finden.

Das beste Gerät zum Mähen der Wiese ist die Sense, höchstens für weitläufige Flächen braucht man den Balken- oder Fingermäher, eventuell als Gemeinschaftsanschaffung.

Das ganze Jahr in schöner Zier

Die besten Tipps für Ziergehölze

Immergrüne pflanzt man im Sommer

Immergrüne Laub- und Nadelgehölze werden im Hochsommer gepflanzt, weil der Herbst die Wurzelbildung am besten fördert und sie bis zum Frost gut eingewurzelt sein müssen.

Pflanzzeit für Laubabwerfende

Besser im Herbst als im Frühjahr werden alle Gehölze gepflanzt, die ihr Laub verlieren, ausgenommen Birken und Flieder, die im Frühling gepflanzt werden müssen.

Mit dem Ballen ins Pflanzloch

Ballenpflanzen werden mit der Leinenhülle ins Loch gelegt. Die Hülle wird nur aufgeknotet und ausgebreitet, nicht aber entfernt. Sie verrottet schnell. Container werden erst im Pflanzloch aufgeschnitten oder behutsam abgestreift, so dass der Ballen unversehrt ins Loch kommt.

Sträucher und Koniferen mit Ballen werden an einem schräg eingeschlagenen Pfahl festgebunden oder wie größere Gehölze an Drähten nach drei Seiten verankert.

Vor praller Sonne schützen

Pralle Sonne ist verderblich für frisch gepflanzte Gehölze, deshalb bindet man den Stamm in Stroh, Schilf oder Moos ein. Immergrüne verbirgt man hinter einem Sonnensegel.

Damit der Boden nicht zu warm und trocken wird, legt man eine Bodendecke auf, die aus Stroh, Rasenschnitt, Laub, Heu oder Schilf bestehen kann.

Bodendecke ist natürlich am besten

Ausgewachsene Ziergehölze erhalten besser eine natürliche Bodendecke aus schattenverträglichen Stauden oder Kriechgehölzen.

Im Rasen brauchen Ziergehölze eine Pflanzscheibe, nicht nur, um besser zu wachsen, sondern damit der Mäher nicht zu dicht an die Rinde kommt.

Die Rinde verweichlicht nicht, wenn das Gras eine Handbreit Abstand hält.

Moorbeetpflanzen kriegen Saures

Moorbeetpflanzen brauchen sauren Boden von etwa 4,5 pH, wie es der Garten selten zu bieten hat. Mischungen mit ungekalktem Humintorf bringen die richtige Reaktion.

Gedüngt wird nur mit physiologisch sauer wirkenden Einzeldüngern oder Spezialdüngern für Moorbeetpflanzen.

Ist die Umgebung so kalkreich, dass von den Seiten immer neue Basen nachsickern, wird die Pflanzstelle mit Plastikfolie ausgelegt.

Waldreben brauchen kalte Füße

Wie alle Waldpflanzen brauchen Waldreben (*Clematis*) einen kühlen Fuß; also wird der Boden mit einer entsprechenden Vorpflanzung so beschattet, dass trotzdem alle Niederschläge herankommen.

Hortensien blühen blau

Hortensien blühen am vorjährigen Holz, also nicht zu weit zurückschneiden.

Die Pflanze verkümmert und bekommt gelbgrüne Blätter, wenn der Boden nicht sauer genug ist. Also weniger Kalk, mehr Humintorf und physiologisch sauer wirkende Düngemittel.

Die Blätter bekommen trockene Flecken, trocknen ein und fallen ab, wenn zu stark mit Mineralsalzen gedüngt wird.

Schöne blaue Blüten bekommen Hortensien in »blauer Erde« aus dem Abraum von Kohlenhalden und eisenhaltigen Böden.

Wo man die nicht bekommt, hilft eine Lösung von 10 g Ammoniak-Alaun in 1 l Wasser. Selbst rosa und rötlich blühende Pflanzen werden davon blau.

Schon 5 g Alaunsalz je Liter Gießwasser alle 10 bis 14 Tage färben die Blüten intensiv blau.

Eisennägel, in der Erde vergraben, sollen ebenfalls schön blau machen.

Nicht zu viel schneiden

An Ziergehölzen wird so wenig wie möglich geschnitten, um Form, Blühkraft und Jugendfrische zu erhalten.

Kleinsträucher und Herbstflieder blühen am besten, wenn sie vor dem Frühjahr radikal heruntergeschnitten werden, außerdem Ginster, Johanniskraut, Lavendel und Sonnenröschen.

Im späten Winter wird ausgelichtet, was Frost und Alter vertrocknen ließen, bei Herbstflieder, Prunkhortensien und anderen.

Nach der Blüte werden Frühblüher ausgelichtet, dabei schont man das Langholz der Deutzien, *Philadelphus* und *Viburnum*.

Verblühtes und Langtriebe werden raus geschnitten bei Forsythien, Hortensien, Mandelbäumchen, Weigelie.

Rhododendren brauchen grundsätzlich nicht geschnitten zu werden. Die Blütenstände sollten jedoch vorsichtig ausgebrochen werden, bevor sie Samen angesetzt haben, um den Neutrieb zu erleichtern.

Strenge Hecken immer schräg schneiden

Streng geschnittene Hecken verkahlen, wenn sie senkrecht geschnitten werden; daher weicht man nach oben immer 10 cm auf 1 m Höhe zurück.

Vor dem Heckenschnitt immer erst nachsehen, ob keine Vogelbrut darin ist.

Nadelholzhecken werden nur zwischen Triebabschluss und den ersten Frostnächten, also ab August bis Mitte September nach Strich und Faden geschoren.

Laubholzhecken lassen sich praktisch zu jeder Jahreszeit auf nahezu beliebige Höhe herunterschneiden.

Blumen aus feiner Zwiebelschale

Die besten Tipps für Zwiebeln und Knollen

Rasen und Zwiebeln vertragen sich

Viele Frühblüher kommen erst auf dem grünen Rasen richtig zur Geltung. Allerdings müssen sie bis zum Vergilben der Blätter ungemäht bleiben oder heraus genommen und an einer anderen Gartenstelle eingepflanzt werden, bis die Blätter völlig vertrocknet sind.

Krokus und Rasen vertragen sich nicht

Nur Krokuswurzeln verkümmern in der harten Grasnarbe. Deshalb hat man eine Topfmethode erfunden, bei der 6-cm-Töpfe bis zum Rand in den Rasen eingegraben werden, deren Boden mit einem Hammer ausgeschlagen worden ist, damit sich die Wurzeln unter dem Graswurzelwerk ausbreiten.

Blumenzwiebeln in der Konservendose

Blumenzwiebelpflanzer dürfen nie spitz sein, weil sonst die Zwiebel stecken bleibt.

Eine leere Konservenbüchse passenden Durchmessers holt die Erde genauso aus dem Pflanzloch für Blumenzwiebeln.

Ausgenommen einige Stängelwurzler unter den Lilien wachsen die Wurzeln aller Blumenzwiebeln pyramidal nach unten. Es hat also wenig Sinn, den Boden im Pflanzloch zu verbessern, vielmehr sollte die Pflanzstelle unterhalb der Zwiebeln mit Humusdünger versorgt werden.

Alle Zwiebelarten, deren Tochterknollen oberhalb der Mutterknolle entstehen, schicken Zugwurzeln senkrecht nach unten, dort verdicken sie sich und ziehen die gesamte Zwiebel mitsamt dem Wurzelballen nach unten.

Ist die richtige Tiefe erreicht, werden sie zu normalen Saugwurzeln. Deshalb ist die richtige Pflanztiefe nicht entfernt so wichtig wie der ausreichende Pflanzabstand.

Regen reicht nicht aus

Frisch gelegte Blumenzwiebeln werden häufig nicht angegossen, weil sie kein Wasser zu brauchen scheinen. Nichts wäre falscher. Alle Zwiebeln verlangen mehr Wasser als ein gelegentlicher Regen bieten kann.

Die Bodendecke aus Humus, um zugleich etwas wohl dosierten Nährstoff in den Boden zu schwemmen, dient dazu, die Feuchtigkeit im Boden festzuhalten.

Wegen ihrer dünnen Schale sind viele Zwiebelgewächse empfindlich gegen zu viel Nässe, vor allem die Schuppenzwiebeln der Lilien.

Lilien sind völlig winterhart, aber sie brauchen an feuchten Plätzen eine Dränage unter jeder Pflanzstelle und vor allem in milden, nasskalten Wintern einen Wasserschutz unter Folie, aber keinen Frostschutz.

Die trockenhäutigen Tulpen müssen deshalb im Sommer aus der Erde genommen werden, um trocken zu lagern.

Lilien halten keinen Wurzeldruck aus

Lilien, Kaiserkronen und einige *Scilla* kennen den leichten Waldboden, wenig Wurzeldruck und gedeihen deshalb im Garten nicht gut, wenn sie dicht mit Bodendeckern zugepflanzt werden.

Da sie zugleich einen schattigen Fuß brauchen, kommt nur eine dicke Bodendecke aus Humus in Frage.

Pflanztiefe verlängert Blütezeit

Je tiefer man Blumenzwiebeln legt, umso länger brauchen sie bis zum Aufgehen, folglich blühen sie umso später auf.

Mehr erreicht man mit geschickter Sortenwahl und unterschiedlichen Standorten. Wenn die in voller Sonne stehenden schon verblüht sind, fangen die im Schatten gerade an.

Nicht zu früh düngen

Frühblühende Blumenzwiebeln dürfen nicht zu früh gedüngt werden; denn sie bringen alles für die Blüte mit. Wegen ihrer Salzempfindlichkeit wird nach der Blüte nur schwach gedüngt.

Kleinblumenzwiebeln legen sich flach

Schneeglöckchen, Schneestolz und Schneeglanz legen ihre Blätter schon früh auf den Rasen, so dass man mit einem Mäher bald nach der Blüte vorsichtig darüber wegfahren kann.

Keine Samen bilden

Man sollte die abgeblühten Blütenstiele nicht an den Pflanzen lassen, weil die Aufbaustoffe für die Samenkapsel den Vorräten für die nächstjährige Knolle entzogen, also nicht in der Zwiebel oder Knolle eingelagert werden.

Keine Zeit zum Einlagern

Spätblühende Blumenzwiebeln haben oft keine Zeit mehr, Vorräte für die nächste Saison einzusammeln. Deshalb müssen sie nach der Wurzelbildung mit Blüten fördernden, stickstoffarmen Volldüngern versorgt werden.

Von Anemonen bis Canna

Bevor die Anemonenknollen gelegt werden, weicht man sie 1 vollen Tag in lauwarmem Wasser ein.

Knollenbegonien werden Anfang bis Mitte April in flachen Kisten vorgetrieben. Blumentöpfe haben sich dafür nicht bewährt.

Knollenbegonien lassen sich teilen, solange sie jung und mittelgroß sind und jedes Teil ein Auge (Knospe) öffnet. Die Schnittflächen sollen gründlich abtrocknen, bevor man sie in Floratorf und Fluss-Sand einlegt.

An einem sonnigen, windgeschützten Platz im Freien blüht die *Canna* reicher und schöner, wenn die ersten Triebe zurückgeschnitten und abgeblühte frühzeitig herausgeschnitten werden, vor allem wenn sie in Pflanzgefäßen stehen. Vorgetriebene Pflanzen sind gründlich abzuhärten.

Dahlienknollen müssen geteilt werden

Sind die Knollen großblumiger Dahlien zu groß geworden, müssen sie vor dem Pflanzen aufgeteilt werden, sonst gibt es riesige Büsche, aber keine Blüten.

Dahlien und andere Knollengewächse lassen sich ebenfalls teilen und bringen sortenreinen Nachwuchs, sofern jedes Teilstück ein Auge mitbringt und alle Schnittstellen mit Holzkohlenstaub vor Fäulnis geschützt werden.

Die Dahlienknollen liegen in der nasskalten Erde herum, ohne Wurzeln und Triebe zu bilden, solange die Bodentemperatur nicht auf mindestens 10 °C gestiegen ist. Darum hat es keinen Zweck, sie vor Mai ins Freiland zu pflanzen.

Von Iris bis Montbretien

Die Wurzelknollen der Irisarten legt man im August sehr flach mit 40 bis 80 cm Abstand, drückt fest und gießt nur einmal gründlich an. Dann wird nicht mehr gegossen, obwohl der Standort vollsonnig und trocken sein sollte.

Ist der Boden zu feucht, muss mit Dränage oder auf einen Hügel gepflanzt werden.

Die locker sitzenden Zwiebelschuppen und Wurzeln der Lilien dürfen weder geknickt noch abgebrochen werden.

Kann nicht am Tage des Einkaufs gepflanzt werden, lagert man sie kühl und luftig in leicht angefeuchteter Erde.

Die kleinblütigen Gartenformen der Montbretien blühen großartiger, wenn man sie mit Laub unter einer dicken Erddecke und Plastikfolie draußen lässt.

Sie vermehren sich mit Brutknöllchen an den haarfeinen, aber harten Ausläufern.

Von Narzissen bis Zantedeschia

Doppelnasen von Narzissenzwiebeln dürfen nicht getrennt werden; denn die entstehenden Wunden heilen schlecht.

Brutzwiebeln müssen soweit entwickelt sein, dass sie von selbst abfallen; abbrechen oder -schneiden ist gefährlich.

Ranunkeln können aus Brutknöllchen und Klauen vermehrt werden. Die Klauen werden 2 cm tief auf eine dünne Sandschicht gelegt, sie bringen im besten Fall sechs oder sieben Blütenstiele.

Die alljährlich neu gebildeten Tulpenzwiebeln bedrängen sich mit der Zeit so stark, dass keine mehr richtig auswachsen kann, selbst wenn reichlich gedüngt wird.

Deshalb sind sie wenigstens alle 3 Jahre auszugraben und an eine Stelle zu setzen, wo mindestens 4 Jahre keine Tulpen gestanden haben.

Nach der Blüte im Winter dürfen *Zantedeschia aethiopica* nicht mehr gegossen werden, auch wenn die grünen Pflanzenteile absterben und die Erde knochenhart wird.

Erst Anfang August wird umgetopft, gegossen, gedüngt, aber es darf niemals wärmer als 12 °C werden.

Die Königin der Blumen

Die besten Tipps für Rosen

Wer die Wahl hat, pflanzt im Herbst

Die Sortenwahl aus den Angeboten von Tausenden von Züchtungen, jede die schönste der Welt, sollte man nicht nach bunt bedruckten Hochglanzpapieren auf einer Bestell-Liste ankreuzen.

Rosen sieht man sich nach Regentagen in der Baumschule an; denn dann zeigen sie, was Ihnen im Freiland blüht.

Wer die Rose seiner Wahl getroffen hat, bestellt im frühen Herbst bei einer anerkannten Züchterfirma, damit die Pflanzware nicht vergriffen ist.

Die beste Pflanzzeit liegt ebenfalls, von rauen Gegenden abgesehen, im Herbst.

Wurzeln nie knicken oder umlegen

Das Pflanzloch muss groß sein, weil die langen Rosenwurzeln nie aus ihrer Richtung gebracht werden dürfen.

Notfalls müssen die Wurzeln zurückgeschnitten werden, sonst bilden sich zu viele Wildtriebe. Die Veredelungsstelle soll immer eine Handbreit unter der Erde liegen, bei Kletterrosen noch tiefer.

Jungrosen, die in Containern gezogen wurden, pflanzt man genau passend in enge Pflanzlöcher, damit sich im Zwischenraum kein Wasser sammelt.

Haben sich die Wurzeln kreisförmig an der Wand entlang gelegt, können sie später den Wurzelhals abwürgen. In diesem Fall muss der Ballen gründlich aufgelockert und zu langes Wurzelwerk drastisch beschnitten werden.

Rosen anhäufeln

Am Wurzelhals veredelte Rosen werden angehäufelt, und zwar nicht indem man die Erde über den flach verlaufenden Wurzeln wegkratzt, sondern indem Kompost darüber gehäuft wird.

Winterhart, doch Winterschutz

Die modernen Rosen sind normalerweise winterhart genug für unser Klima, und wenn sie mal ein Stück zurückfrieren, treiben sie doppelt so heftig aus.

Damit das Holz ausreift, düngt man prinzipiell ab August nicht mehr und legt bei starkem Regen notfalls eine Bodendeckfolie aus, unter der die Erde trockener bleibt.

Die übliche Lage Fichtenreisig dient als Schutz vor der Wintersonne, so dass es nicht zu vorzeitigem Austrieb kommt.

Eingedeckt wird erst, wenn es wirklich anfängt zu frieren, vorher liegt das Material nur bereit.

Das Angehäufelte wird im Spätwinter vorsichtig mit den Fingern auseinander gezogen, um keinen der Austriebe abzubrechen, und bleibt als Bodendecke liegen.

Nie vor dem Frost schneiden

Holzwunden heilen an Rosen langsam, im Winter gar nicht. Deshalb sollte grundsätzlich nicht im Herbst geschnitten werden.

Nach der Pflanzung im Frühjahr muss dagegen bis auf kurze Stummel, die kaum über die Abdeckung herausragen, eingekürzt werden, sonst wird die Bewurzelung erschwert.

Wildlinge, die aus dem Wurzelstock austreiben, dürfen nie geschnitten werden. Man erkennt sie an helleren, Blättern und höherer Triebkraft. Sie werden bis zum Ansatz am Wurzelstock ausgegraben und dort gegen die Richtung des Triebs weggerissen.

Der richtige Rosenschnitt

Rosenschnitt soll stets blühfähige Triebe vom Wurzelhals in die Höhe bringen und zu dichte Büsche auslichten, damit der Schädlings- und Krankheitsbefall geringer wird.

Starkwüchsige, großblütige und einzeln blühende Sorten aus der Gruppe der Teehybriden müssen stärker zurückgeschnitten werden, um starkes Jungholz zu bilden.

Schwachwüchsige, vielblütige Beetrosen brauchen kaum oder gar nicht geschnitten zu werden.

Ausgelichtet werden alle nicht wenigstens bleistiftstarken Triebe, dazu die Stummel vom vorhergehenden Schnitt.

Alle stehen bleibenden Triebe nimmt man je nach Wuchsstärke der Sorte und des Standorts auf 20 bis 25 cm zurück, starkwüchsige bis 45 cm, Floribunda auf 35 cm.

Geschnitten wird stets über einer Knospe, die leichte Schräge zur entgegengesetzten Seite so angesetzt, dass kein zu langer Stummel bleibt und das Auge nicht austrocknet.

Es kommt nicht darauf an, dass alle Zweigenden nach dem Schnitt gleich hoch stehen; man nimmt zur Orientierung immer die der gewünschten Höhe zunächst stehende Knospe.

Nach dem Schnitt sollten Edelrosen wenigstens drei bis sechs Augen behalten.

Beetrosen lässt man die Hälfte bis ein Drittel der vorherigen Höhe.

Schnittrosen setzt man weiter zurück, damit sie Blüten mit langen Stielen ausbilden.

Je weniger man schneidet, umso reicher blühen die Beetrosen und Hochstämmchen.

Blühen die Rosen am zweijährigen Holz, wie Kletter-, Strauch- und Remontantrosen, wird höchstens auf halbe Trieblänge zurückgenommen.

Kletterrosen, die von Natur aus lange Triebe bilden (Kreuzungen aus *Rosa multiflora* und *R. wichuraiana*), werden nach der Blüte stets bis zum Wurzelstock zurückgesetzt.

Sie wollen hoch hinaus

Die besten Tipps für Stauden

Manche Stauden mögen magere Böden

Stauden mit silbergrau pelzigen, kakteenartig dicken oder harten Blättern vertragen keinen fetten Boden oder gar stauende Nässe. Sie brauchen Sand und Steine, höchstens dass etwas Humintorf im Pflanzloch das Anwurzeln fördert.

Es erscheint paradox, Staudenwurzeln vor dem Pflanzen bis auf eine handbreit einzukürzen, fleischige um ein Drittel. Aber so treiben sie besser neue Wurzeln.

Nur in ausgesprochen trockener Erde müssen Stauden nach dem Pflanzen angegossen werden, und zwar die ganze Fläche, nicht etwa nur die Pflanzstellen.

Die Pflanzabstände bestimmen den späteren Wuchs. Man rechnet auf 1 m^2 zwei oder drei große Prachtstauden, drei bis sechs mittelgroße und sechs bis zwölf kleine, für Rasenersatz 15 bis 20.

Die Faustregel sagt, die halbe mittlere Höhe ist der allseitige Pflanzabstand (also bei 1 m Höhe ist der Pflanzabstand 50 cm).

Nur mit sanftem Strahl bewässern

Stauden werden nicht besprengt, sondern der Boden wird mit schwachem Strahl gründlich durchfeuchtet, ohne die Blüten und Triebe zu benetzen.

Einzige Ausnahme: Hängt Kuckucksspeichel (Schaumzikaden) an den Blättern, wäscht man ihn mit scharfem Wasserstrahl ab.

Wuchernde Zierstauden in Grenzen halten

Wuchernde Zierstauden werden in Grenzen gehalten, indem man die schweren Folien der Erdballen aufschneidet und senkrecht als unsichtbare Begrenzung der Pflanzstelle eingräbt.

Standfeste Stauden

Astern, *Helenium* und Phlox fallen nicht so leicht auseinander, wenn sie um ein Drittel bis zur Hälfte zurückgeschnitten werden, bevor die Blüte beginnt.

*

Nach der ersten Blüte

Frühblüher werden stark zurückgeschnitten, wenn sie anfangen, unansehnlich zu werden, unter anderem Alpenaster, *Bergenia*, Gemswurz, Phlox, Primelarten, *Trillium*, *Trollius* und Vergissmeinnicht.

Unerwünschter Nachwuchs

Reich blühende Schmuckstauden werden durch Samenbildung geschwächt. Sie entwickeln nur dann pausenlos Seitentriebe, wenn alle abgeblühten Stängel herausgeschnitten werden.

Eine zweite Blüte

Sommersalbei und -margeriten, Rittersporn und Feinstrahl blühen ein zweites Mal, wenn man sie unmittelbar nach der ersten Blüte auf Handbreite zurückschneidet und für reichlich Nährstoffe und Wasser sorgt.

*

Teilen verjüngt

Altersschwache Stauden werden wieder jung, indem man sie ausgräbt, in faustgroße Teilstücke zerlegt, vornehmlich vom Rande her, und diese wieder einpflanzt.

Staudensaat ist nur bei den Arten möglich, die nicht zu künstlichen Sorten hochgezüchtet wurden.

Im Herbst nicht alles abschneiden

Der Saubermann-Empfehlung, im Herbst die Rabatten kahl zu schneiden, sollte man nicht folgen. Vor allem die hohen Gräser und Fruchtstände sind im Raureif und Schnee subtile Zierde.

Wärmeliebende Stauden sind unter ihrem trockenen Laub ausreichend vor Frost, vorzeitiger Erwärmung und nachfolgendem Gefrieren geschützt.

Wenn im Sommer alles blüht

Die besten Tipps für Sommerblumen

Feinere Arten in Saatgefäßen vorziehen

Nur die wenigsten schnell und robust wachsenden Sommerblumen können an Ort und Stelle gesät werden. Alle feineren Arten werden in Saatgefäßen oder Töpfen vorgezogen.

Bodenwechsel ist besser als heilen

Allen ein- und zweijährigen Sommerblumen tut es gut, wenn dieselben Arten nicht immer wieder auf dieselben Stellen gepflanzt werden. Es gibt so viele, der Wechsel ist kein Kunststück.

Eine flüchtige Skizze hilft dem Gedächtnis auf die Sprünge, denn im Herbst kommt grundsätzlich alles raus.

Gegen die schlimmsten Sommerblumenseuchen gibt es sehr widerstandsfähige Züchtungen. Jungpflanzen sollte man daher niemals aus anonymer Quelle kaufen.

*

Kaffeesatz macht den Boden sauer

Eine Handvoll Kaffeesatz, unter den Humus gemischt, gibt die beste Bodendecke für alle Gewächse, die sauren Boden brauchen, zum Beispiel Azaleen, Rhododendren, Eriken, Hortensien.

Teetrinker bekommen Kaffeesatz in Restaurationsbetrieben, die froh sind, ihn eimerweise loszuwerden.

In die Erde der Pflanzstellen von Sommerblumen wird Kaffeesatz gegeben zu Begonien, Tausendschön, Meerlavendel, Lupinen, Löwenmaul, Kosmeen und Studentenblumen.

Zonalpelargonien (Geranien) brauchen dagegen 2 g Düngekalk auf 1 l Erde, saure Erde muss sogar noch weiter aufgekalkt werden.

Alle Ein- und Zweijahresblumen außer *Cosmos*, *Tagetes* und *Limonium* wachsen optimal in alkalischen Böden über dem pH-Neutralpunkt von 7.

Im zweiten Jahr auf den Kompost

Nach der Blüte werden ein- und zweijährige Sommerblumen kompostiert, selbst wenn sie den Winter hier überstehen würden. Sie blühen nie wieder so schön wie im ersten Jahr.

Neue Schönheiten

Die großblumige *Petunia*-Hybride ›Lavender Storm‹ ist wegen ihrer Wetterfestigkeit an sonnigen Plätzen auf durchlässigem Boden, der nicht zu stark gedüngt ist, zu empfehlen.

Eine neue Farbe bringt *Salvia farinacea* ›Strata‹: blaue Blüten mit weißem Kelch. Sie sollten im April unter Glas ausgesät und ein paar Wochen bei 15 bis 18 °C gehalten werden.

Alle bisher bekannten Sorten des Papierknöpfchens *Ammobium alatum* sind bis zu 80 cm hoch gewachsen. ›Bikini‹ bleibt 30 bis 40 cm klein von Juni bis September, wenn im April bei 10 bis 15 °C ausgesät wird.

Die Fuchsie ›Florabelle‹ ist die erste, kleinblütige Sorte, die aus Samen gezogen werden kann. Sie blüht bereits 14 Wochen nach der Aussaat Anfang Januar bei 24 °C.

Die überraschende Farbkombination von *Nicotiana alata* ›Havana Appleblossom‹ ist nur eine ihrer vielen Qualitäten: Sie wächst klein im Topf, groß im Freiland, wetterfest und reich blühend bis Oktober nach Aussaat im Februar bei 18 °C.

Lobelia speciosa ›Kompliment Scharlach‹ hat eine attraktive Blattfärbung, eine lange, reiche Blüte, gleichmäßigen Wuchs und große Widerstandskraft.

Zwei neue Kornblumen sind empfehlenswert: ›Florence White‹ und ›Florence Pink‹, weil sie mit vielen Seitentrieben von unten her schön rund und dicht wachsen. Ausgesät wird in der 4. bis 11. Woche bei 15 bis 20 °C.

Auf das Mini-Stiefmütterchen ›Velour Blue‹ ist lange gewartet worden. Die ersten Blüten öffnen sich nach sehr kurzer Anzuchtdauer attraktiv, sie werden nur noch von der lange anhaltenden Blütenpracht übertroffen.

Das Tausendschön blüht normalerweise nur im Frühjahr. Die neue Sorte ›Robella‹ ist die erste, die tatsächlich den ganzen Sommer über blüht. Zugleich trägt sie die schönsten und größten Blüten.

Die schönsten Rosen vom Kohl

Die besten Tipps fürs Gemüse

Neues auf Gemüsebeeten

Die jungen Blätter des Gemüse- oder Sauerampfers werden spinatartig zubereitet und gelten in Suppen und Salaten als Delikatesse. Sie wirken blutreinigend, appetitanregend und verdauungsfördernd.

Artischocken unterstützen die Leber nach fröhlicher Runde beim Entgiften, Entwässern und neuer Zellbildung.

Im Freiland haben sich einige Züchtungen des Bindesalats bewährt, die mehr Hitze vertragen, darunter der robuste, dunkelgrüne ›Valmaine‹, der von Sommer bis Herbst große, feste Köpfe mit zarten Innenblättern bildet.

Bekannter sind die langblättrigen Bindesalate ›Kasseler‹ oder ›Kasseler Strünkchen‹, da auch die Strünke verzehrt werden.

Die zweite Blüte des Brokkoli

Die Blütenknospen des Brokkoli dürfen sich nicht öffnen, sonst sind sie ungenießbar.

Schneidet man den dicken Blütenstand aus der Mitte heraus, kann aus Seitentrieben eine zweite Ernte erzielt werden.

Die dicken Stiele schmecken geschält zubereitet wie Spargel und rechtfertigen den Namen Spargelkohl.

Weil die spargelähnlichen Sprosstriebe des Brokkolis aus Unkenntnis meist nicht mitgegessen werden, haben die Amerikaner Kronen-Brokkoli erfunden. Er bildet nur 1,5 cm lange Stiele mit flach gewölbten Schirmen, die fast 1 Pfund schwer sind.

Blumenkohl auf der Wäscheleine

Wenn die Blume des Kohls sichtbar wird, knickt man die mittleren Blätter behutsam zur Mitte um, dass sie vor dem Sonnenlicht geschützt sind und der Kohl weißer bleibt.

Soll Blumenkohl bis zu 3 Wochen aufbewahrt werden, nimmt man ihn mit anhaftender Erde heraus, steckt den Ballen in eine Plastiktüte und hängt die Pflanzen im kühlen Keller über eine Leine.

Salate mit Köpfchen

Die neuartige F1-Hybride ›Magnum‹ macht das Treiben des Chicorées einfacher: Sie braucht keine Deckerde, sondern wird dicht an dicht in ein 30 cm tiefes, wasserdichtes Gefäß gestellt. Die Treibgefäße werden erst bei 10 °C, nach 8 bis 10 Tagen bei 18 bis 20 °C dunkel aufgestellt und bis zum Erscheinen der Austriebe gut feucht gehalten. Es bilden sich fest geschlossene Köpfe.

Das neue Sortiment des Chinakohls kennt ovale und zylindrische Kopfformen, außerdem weitgehend schossfeste Frühsorten, die sich allerdings nur kurz oder gar nicht lagern lassen. Am schnellsten fertig sind ›Hongkong‹, ›Hopkin‹, ›Spring‹.

Eissalat ist in der Anbaupraxis eine eigene Gemüseart geworden. Am bekanntesten ist ›Leibacher Eis‹; der schossfeste ›Nambucco‹ hält den Sommer über im Freiland aus.

Eine neue Variante sind rote Eissalate, außen dunkelrot, innen kräftig grün gefärbt: die ›Red Sails‹ oder die intensiv rote Sorte ›Rosa‹ mit glatten Blättern.

Gartenkresse auf einer alten Zeitung

Der schnellste aller Salate wächst in der Küche binnen 1 Woche auf Zellstoff, Löschpapier, Schwedenkrepp, Papiertaschentüchern, ja selbst auf einer Seite Zeitungspapier. Legen Sie das von Ihnen gewählte Material in eine flache Schale, befeuchten Sie es durch und durch und säen Sie ein. Der Erfolg stellt sich schon nach 3 bis 4 Tagen ein.

Eissalat für heiße Tage

Kopfsalat schießt im Sommer so leicht, dass lieber Eissalat gesät werden sollte, der unbeeindruckt von der Witterung bis 1 kg schwere, nussartig mild schmeckende Köpfe von knackiger Frische bringt.

Kopfsalat nachwachsen lassen

Schneidet man den Kopfsalat so heraus, dass die Außenblätter an der Wurzel stehen bleiben, in der Küche werden sie sowieso meist weggeworfen, treiben aus den Blattachseln viele frische Blätter, die wie Pflücksalat geerntet werden und wie Kopfsalat schmecken.

Feldsalat teurer als Rinderfilet

Schießfest sind die Pflücksalate ›Amerikanischer Brauner‹ und ›Australischer Gelber‹ nach Aussaat im März an Ort und Stelle, mit 30 cm Reihenabstand und 15 cm in der Reihe, während der Gelbe Runde Schnittsalat ziemlich schnell und der ›Krause Gelbe‹ mittelfrüh schießen. Dafür kann mit 20 cm Reihenabstand und 5 cm in der Reihe enger gesät werden.

Gute Sorten Feldsalat sind so frostfest, dass vom gefrorenen Boden geerntet werden kann, und das lohnt; denn der Kilopreis liegt höher als beim feinsten Rinderfilet.

Keine bitteren Gurken mehr

Bittere Gurken sind nicht krank, sondern verbittert, weil sie an heißen Tagen mit kaltem Wasser geschockt wurden oder nach langer Trockenheit eine Überschwemmung angerichtet wurde.

Mit ihren ungewöhnlich rein weißen Früchten fällt die neue Freilandgurke ›White Wonder‹ sofort auf. Sie reifen nacheinander von Juli bis zum Frost am besten an einem sonnigen Gartenplatz, der vor Wind geschützt ist, und schmecken angenehm mild.

Gurken nicht auf der Erde lassen

Die Gurkenernte ist leichter und besser, wenn man die Ranken nicht auf der Erde wachsen lässt, sondern auf einem schräg gespannten Maschendraht. Gurkenranken sind höchst empfindlich gegen Bewegungen, Verdrehungen oder gar Verletzungen beim Abernten.

Empfindlich sind Gurken gegen zu viel Mineraldünger im Boden. Darum gibt man nur kleine Dosen, aufgelöst im Gießwasser. Anschließend wird durchdringend gewässert.

Frühkartoffeln ohne Knollenfäule

Die Kraut- und Knollenfäule ist der schlimmste Feind der Frühkartoffeln, weil sie während der höchsten Ansteckungsgefahr am empfindlichsten sind, vor allem bei feuchter Witterung.

Schon ein Folientunnel kann verhindern, dass die Sporangien in Regen- und Tautropfen keimen und die ganze Reihe verseuchen.

Nur die noch nicht ins Blatt eingewachsenen Pilze können durch Kupferkalkbrühe daran gehindert werden, sich weiter auszubreiten. Vor der Ansteckung sollte mehrmals damit gegossen werden.

Grüne Stellen an den Kartoffeln sind giftig

Kartoffeln werden dunkel gelagert, weil sich im Licht ein Teil der Oberfläche grün verfärbt. Diese Stellen enthalten Solanin, ein giftiges Alkaloid, das auch unreife Tomaten enthalten. Schon 0,02 Promille können zur Bewusstlosigkeit führen.

Auch unreife Kartoffelknollen und -keime können auf diese Promille kommen.

Wenn die Kartoffeln an den ergrünten Partien dick geschält werden, kann nichts passieren.

Löwenzahn und Löffelkraut

Aus der Wiesenblume Löwenzahn ist ein echtes Kulturgemüse gezüchtet worden: ›Kultivierter Vollherziger‹ ist wohl schmeckend und zart; ›Frühester Verbesserter‹ wächst schneller und größer; ›Großblättriger‹ treibt über 50 cm breite Blattbüschel; ›Krausblättriger‹ bildet aus Herzblättern kleine Köpfe; ›Nouvelle‹ ist ein verbesserter ›Breitblättriger‹ mit viel Laub.

Löffelkraut übersteht im Freiland einige Frostgrade, kann also von Mai bis September ausgesät werden. Nach 8 bis 10 Wochen kann mit der Blatternte begonnen werden. Im Winter legt man eine Folie über oder sät den Salat in Saatkisten. Die Blätter werden geschnitten, sobald sie fingerlang sind.

Knollensellerie braucht Kochsalz

Volldünger für Sellerie sollte ausnahmsweise nicht chloridfrei sein, andernfalls streut man zur mittleren Gabe 1 kräftige Prise Kochsalz.

Lagerkohl behält die Wurzeln

Rot-, Weiß- und Wirsingkohl hält sich viel besser im Keller, wenn die Wurzeln dranbleiben und in ein mäßig feuchtes Torf-Sand-Gemisch eingeschlagen werden.

Mehr als eine Knolle vom Kohlrabi

Lässt man bei der Kohlrabiernte einen flachen Rest der Knolle auf dem Stängel stehen, bilden sich mehrere kleine, sehr zarte Knöllchen.

Köpfen bringt bessere Knospen

Die Endknospe des Rosenkohls wird abgeschnitten, sobald die untersten Röschen etwa 1 cm Durchmesser haben, spätestens aber 4 bis 6 Wochen vor der Ernte. Die Erntemenge ist deutlich höher, wenn durchgepflückt wird, so dass die stehen bleibenden Röschen gleichmäßiger und fester nachwachsen.

Nach der ersten Ernte wird einmal mit 1,5 bis 2 kg Kalkammonsalpeter auf 100 m^2 nachgedüngt, wenn den Winter über durchgepflückt werden soll.

Frosthärter und intensiver ausgefärbt sind die Röschen, wenn magnesiumhaltige Volldünger oder ein reiner Magnesiumdünger wie Kieserit mit 2 kg je 100 m^2 zugegeben wird.

*

Kohlrübe für Feinschmecker

Nicht zu den Kohlarten gehört die Kohlrübe, die erst Mitte Mai zur Julipflanzung sehr dünn ausgesät wird, um kräftige Setzlinge zu erzielen.

Die Mindestabstände sind wichtig: 50 cm zwischen, 40 cm in den Reihen.

Die frostharten Rüben halten auf dem Lager bis zum nächsten April; sie sind zu einem Feinschmeckergemüse geworden.

Grünkohl als Spät- und Frühgemüse

Erntet man vom Grünkohl während des Winters nur Blätter und Endrosetten, treiben aus den Stielen im Frühjahr frische Sprosse.

Andere winterharte Kohlarten bleiben ebenfalls bis zum Frühjahr stehen, wenn man von ihnen das erste Freilandgemüse, den Sprossenkohl, ernten möchte.

*

Bohnen keimen besser

Wie andere großsamige Gemüsearten keimen Gartenbohnen besser, wenn sie vor der Aussaat 1 Tag in lauwarmes Wasser gelegt werden.

Bleibt es in den Tagen nach der Aussaat trocken, ist eine erste Wassergabe angebracht, noch bevor die Keimlinge den Boden durchbrechen.

Damit die Erdoberfläche nicht unnötig verhärtet, legt man die Bohnenkerne in vorgewässerte Pflanzlöcher und deckt mit lockerer Erde ab.

Nach jeder Ernte sollte der Boden behutsam oberflächlich mit der Ziehhacke wieder aufgelockert werden.

Vor allem Kinder sollte man davor warnen, grüne Bohnen roh zu verzehren, da sie in Hülsen und Kernen einen Giftstoff enthalten, das Phasin, eine Stickstoffverbindung, die rote Blutkörperchen verklebt.

Das gilt auch für getrocknete grüne Bohnen und Salate; denn nur durch Kochen wird der Giftstoff vollständig abgebaut.

Man kann immer auf Erbsen zählen

Hohe Wuchsformen an Maschendraht oder Reisern bringen auf derselben Fläche einen wesentlich höheren Ertrag im Vergleich zu standfesten Sorten, die keineswegs bei jedem Wetter stehen bleiben und auf einmal geerntet werden sollten.

Markerbsen zum Beispiel müssen stets abgeerntet werden, nachdem sie reif sind, denn sie können nicht getrocknet werden wie Palerbsen.

Zuckererbsen unterscheiden sich von anderen durch das fehlende Häutchen in den Hülsen, die deshalb mit verzehrt werden können.

Als Vogelschutz sind nur Netze sicher genug. Aber: Sind die Triebe erst einmal handhoch, werden sie so bitter, dass die Vögel nicht mehr drangehen.

Schmetterlingsblütler sammeln im Verein mit Knöllchenbakterien im Boden Stickstoff an, bis 100 g auf 10 m^2. Deshalb lässt man nach der Ernte die Wurzeln im Boden und pflanzt anschließend auf dasselbe Stück Starkzehrer wie einige Kohlarten.

Schwarzwurzeln bleiben weiß

Die geschälten rohen Wurzeln verfärben sich nicht so schnell, wenn sie direkt in kaltes Wasser gelegt werden, in das 2 Esslöffel Mehl und 4 Esslöffel Essig eingerührt wurden.

Damit die Finger beim Putzen der schwarzbraunen Korkschicht nicht zu stark einfärben, schält man die Wurzeln erst nach dem Kochen.

Tausendschön entdecken

Dass die Blätter des Tausendschöns (Maßliebchen oder Gänseblümchen) in Salaten köstlich schmecken, hat sich noch nicht allgemein herumgesprochen. Im Frühjahr kann man außer den grundständigen Rosettenblättern die Blütenknospen und gerade geöffneten Korbblüten pflücken. Sie wirken blutreinigend und -stillend, krampflösend und anregend.

Zucchini sind nicht exotisch

Zucchini verlangen nicht mehr als Gurken. Geerntet werden die nicht ausgewachsenen Früchte, sobald sie

15 bis 20 cm lang sind; je früher, umso mehr Nachwuchs entwickelt sich. ›Goldrausch‹ ist eine Sorte mit glatt glänzenden, zart schmeckenden Früchten, die früh Schnitt reif sind und bis zum Herbst ununterbrochen fruchten. Die frühesten Fruchtansätze funkeln an der US-F1-Supersorte ›Diamant‹.

Gelbe Rüben mit Radieschen mischen

Möhren und andere langsam keimende Samen werden mit Radieschensamen gemischt, die schon nach Tagen zu sehen sind, so kann man den Boden bearbeiten, ohne die Saat zu stören.

Sind die Radieschen gezogen, haben die Möhren mehr Platz, sich zu entwickeln, ohne dass man sie vereinzeln müsste.

Der freie, offene Stand schränkt den Befall von Möhrenfliegen ein. Zwischenreihen von Zwiebeln, Lauch und Kresse vertreiben diesen Schädling hier ebenso wie umgekehrt Möhren die Zwiebelfliege und Lauchmotte.

Die Möhren werden kräftiger rot, wenn man sie mit kalibetonten Düngern versorgt.

Rübchen im Viererpack

Einige Herbstrüben werden nur zu Futterzwecken angebaut, andere wie der runde ›Goldball‹ liefern wohl schmeckendes Gemüse. Ausgesät werden sie im Juli bis zum 10. August nach Buschbohnen, Dicken Bohnen, Erbsen oder als Zwischenkultur von Kartoffeln.

Rübstiel oder Stielmus ist keine eigene Gemüseart, sondern wird aus dicht gesäten Mai- oder Herbstrüben mit aufrecht wachsenden Blättern herangezogen. Inzwischen gibt es bereits Auslesen, die speziell für den Anbau als Blattgemüse gezüchtet wurden.

Es kann ab Mitte März aus dem kalten Kasten geerntet werden, sobald die Blätter 10 cm lange Stiele haben. Sie werden 2 cm über dem Herz der Pflanze abgeschnitten, so dass zwei oder gar drei weitere Ernten heranwachsen. Da sie nicht lagerfähig sind, folgt eine Aussaat der anderen, wobei sich die Reifezeit je nach Wärme auf 6 bis 8 Wochen verkürzt.

Radieschen sind nicht bloß Füller

Am Rande und im Schatten anderer Gemüse bringen Radieschen viel Laub und wenig Knollen.

Nur reichlich Abstand zwischen und in den Reihen lässt mehr als 40 % das Idealmaß von 22 bis 27 mm erreichen. Mindestens 2 bis 3 cm weit und höchstens 1,5 cm tief sollen die Samenkörner liegen.

Die knackigen Würzelchen sind so salzempfindlich, dass sie in Mischkultur nur eingesetzt werden können, wenn vorher nicht zu viel Stickstoff gestreut worden ist.

Keine pelzigen Rettiche

Dass Rettiche pelzig werden, verhindern viel Humus und Feuchtigkeit, außerdem muss rechtzeitig geerntet werden.

Erdflöhe verschwinden, wenn oft mit reinem Wasser gespritzt oder gegossen und immer wieder gehackt wird.

Schwarze Läuse befallen Rote Rüben

8 Esslöffel Wermuttee in 4 l Wasser, 1 Tag lang eingeweicht, wirken gegen die Schwarze Bohnenlaus.

Wo Schneebälle (*Viburnum*) in der Nähe wachsen, sollte man sie stets mit bespritzen; denn sie dienen diesen Bohnenläusen als Zwischenwirt.

Die Roten Rüben werden dicker, wenn jeweils zwischen ihnen eine Reihe Lauch oder Kohlrabi angebaut wird.

Bei der Ernte dürfen die Rüben nicht verletzt werden, weil sie stark bluten und dann fäulnisanfälliger sind. Der Blattschopf wird deshalb nur abgedreht oder 3 cm lang abgeschnitten.

Fenchel liefert tolle Knollen

Um den Tagesbedarf an Vitamin C zu decken, braucht man etwa 200 g dieser energiearmen, bekömmlichen, leicht verdaulichen Knolle. Da der Vitamingehalt sehr schnell abnimmt, ist es – abgesehen vom Preis – durchaus lohnend, sie im Garten anzubauen.

Haben die Knollen die Größe einer Zwiebel, wird mit Erde angehäufelt. So bleiben sie weiß und zart.

Bis Ende Oktober sollte Knollenfenchel geerntet sein, andernfalls muss mit Laub abgedeckt werden. Oder man nimmt sie aus der Erde, schlägt sie in Sand ein und stellt die Kisten in einem frostfreien, kühlen und luftigen Raum auf.

Nur nicht vor Zwiebeln weinen

Zwiebeln mit dunkelroter Haut und rötlich violettem Fleisch sind milder als die heimische Küchenzwiebel. Sind die Scheiben immer noch zu scharf, kann man sie wenige Minuten in leichtem Essigwasser kochen.

Die schottische Riesenzwiebel ›Yellow Sweet Spanish‹ ist besonders mild im Geschmack und lange lagerfähig. Sie wird ab Dezember bei 18 °C vorgezogen und pikiert, sobald das zweite Keimblatt gebildet ist. Dann wird die Temperatur auf 10 bis 13 °C abgesenkt. Ausgepflanzt wird nach Mitte Mai.

Weiße Zwiebeln sind platter als normale Küchenzwiebeln und schmecken angenehm mild. Sie sind eine feine Gemüsebeilage, wenn man sie in etwas Fleischbrühe dünstet und in warmer Butter schwenkt.

*

Edle Schalotte

Schalotten sind die edelsten, deshalb teuersten Zwiebeln, schärfer als normale Küchenzwiebeln, aber deutlich aromatischer im Geschmack. Sie überstehen den Winter im Freien, wenn sie bei schneelosen Starkfrösten abgedeckt werden.

Aus Seitenzwiebeln entwickeln sich ganze Büschel, die geerntet werden, sobald die Laubblätter im Juli oder August anfangen, welk zu werden.

Lauchzwiebeln

Frühlings-, Winter-, Schnitt- oder Heckenzwiebeln werden ähnlich wie Schnittlauch verwendet. Sie werden im Winter nur abgedeckt, um auch unter tiefem Schnee ernten zu können.

Perl- oder Silberzwiebeln entstehen in dichter Fülle rund um die eiförmige Mittelzwiebel des Perl- oder Weinlauchs aus den Ländern ums Mittelmeer.

Es gibt eine weitere Art, Perlzwiebeln zu gewinnen, und zwar aus dem Schlangenlauch. Zur Ernte hebt man die ganzen Pflanzen mit der Grabegabel aus der Erde und verliest die Zwergzwiebeln von Hand.

Lauchzwiebeln wie ›Milda‹ bilden überhaupt keine Zwiebel mehr aus. Das angenehm und zart schmeckende Grün kann sehr jung geerntet werden und ist vielseitig verwendbar zum Salat, auf Pizzas, in Mischgemüse, Suppen, Reis- und Nudelgerichten fernöstlicher Art.

Zwischen Zwiebeln und Laucharten gibt es zahlreiche Mischlinge wie den Knolau. Er bildet keine Zwiebeln, sondern dicke, hohle, aber flache Schalotten. Sie schmecken ähnlich wie Knoblauch.

Das Laub ist vom Frühjahr bis zum Spätherbst im Blumentopf auf der Fensterbank schnittfähig und sieht dazu noch hübsch aus, wenn die zierlichen Alliumblüten darüber stehen.

Kapuzinerkresse macht Karriere

Die heimische Kapuzinerkresse ist in der Küche als Salat und Rohkost vielseitig verwendbar, wohl schmeckend und mild antibiotisch. Ihr ätherisches Öl erhöht die Immunstärke.

Mit den Blüten werden Salate farbenfroh geschmückt; sie sind ebenso essbar wie die saftigen Blätter, die mild nach Kresse schmecken und ein wenig an Pfeffer erinnern. Die jungen Triebe würzen fein gehackt Eier, Fleisch und Salate.

Die unreifen Früchte sind als Kapernersatz zu verwenden. Man überstreut sie mit Salz, lässt sie 1 Nacht lang stehen und gießt am folgenden Tag Estragonessig auf. Das gefüllte Glas wird gut verschlossen und kühl aufbewahrt.

Porree am laufenden Band

Lässt man bei der Porree-Ernte ein Stück über den Wurzeln stehen, wachsen immer neue Lauchstangen nach, die bis in den Winter geerntet werden können.

Die Stangen wachsen am besten, wenn sie nicht tiefer als 15 cm in den Boden kommen. Damit sie dennoch lang und weiß werden, häufelt man später an.

Jungpflanzen werden vor dem Setzen weder im Laub noch an den Wurzeln gekürzt.

Grundsätzlich darf kein Körnchen Dünger und kein Krümel Erde zwischen die Blattscheiden geraten.

Tomaten im Farbeimer

In den Farbeimern aus dem Malergeschäft wachsen Gartensorten von Tomaten besser als im Freien, wenn man sie immer an die sonnigste Stelle am Haus stellt und bei Schlechtwetter hereinholt.

Grüne Tomaten reifen abgenommen nach, wenn sie bereits einen hellen Schein haben, andere sind für manchen anderen Zweck in der Küche verwertbar.

Im Haus reifen Tomaten nach, wenn man die Pflanzen mit Ballen und kopfüber in einem kühlen, hellen Raum auf eine Leine hängt.

Späte Tomaten liefern Geiztriebe, die in Töpfen gezogen bis zum Herbst voller Früchte hängen.

Freilandtomaten bleiben gesünder, wenn man zwischen den Reihen oder rund um die Pflanzen mit 30 cm Mindestabstand Zwiebeln legt. Studentenblumen wehren Wurzelälchen ab.

*

Spargel unter der Haube

Ein Großschädling wie die Spargelfliege ist kaum mit chemischen Mitteln zu treffen, da ihre Maden und Puppen im Innern der Spargeltriebe gut geschützt sind.

Wirksame Abhilfe bieten Papier- oder Plastikmäntel, die vor der Eiablage ab Mitte April an den jungen Pflanzen angebracht werden.

Besonders zart wird Spargel, wenn man ihn in einer umgekehrt aufgestellten dunklen Flasche wachsen lässt, die man abstützen und beschweren muss.

Wenn Pflanzen Pflanzen helfen

Die besten Tipps zu Mischkulturen

Pflanzen schützen sich gegenseitig

Es gibt zahlreiche Gemüsearten, die sich gegenseitig fördern und vor Schädlingen und Krankheiten schützen, wenn sie auf einem Beet stehen:

Bohnen mit Dill, Gurken, Kohlarten, Salat.

Erbsen mit Dill, Gurken, Kohlarten, Kopfsalat, Möhren, Radieschen, Rettich.

Gurken mit Bohnen, Dill, Erbsen, Knoblauch, Kohlarten, Kopfsalat, Lauch, Rote Bete, Sellerie, Zwiebeln.

Kartoffeln mit Bohnen, Knoblauch, Kohlrabi, Spinat.

Salat mit Bohnen, Dill, Erbsen, Gurken, Kohl, Möhren, Radieschen, Rettich, Rote Bete, Tomaten, Zwiebeln.

Lauch mit Endivien, Gurken, Möhren, Sellerie, Tomaten, Zwiebeln.

Möhren mit Dill, Erbsen, Knoblauch, Salat, Lauch, Radieschen, Rettich, Tomaten.

Pflücksalat mit Möhren, Radieschen, Rettich, Rote Bete.

Radieschen und Rettich mit Bohnen, Erbsen, Kohlarten, Kopf- und Pflücksalat, Möhren, Tomaten.

Sellerie mit Bohnen, Gurken, Kohlarten, Lauch, Tomaten.

Spinat mit Kohl, Radieschen, Rettich.

Knoblauch mit Gurken, Möhren, Tomaten.

Zwiebeln mit Dill, Gurken, Kohlrabi, Salat, Lauch, Möhren, Rote Bete, Tomaten.

Tomaten mit Bohnen, Knoblauch, Kohl, Salat, Lauch, Möhren, Radieschen, Rettich, Rote Bete, Sellerie, Spinat.

Kohlarten mit Bohnen, Dill, Endivien, Erbsen, Gurken, Kopf- und Pflücksalat, Radieschen, Rettich, Rote Bete, Sellerie, Spinat, Tomaten.

Pflanzen helfen Pflanzen

Vor Schädlingen und Krankheiten schützen sich gegenseitig:

Möhren und Zwiebeln vor Möhren- und Zwiebelfliege.

Sellerie und Kohl vor Sellerierost und Kohlweißling.

Basilikum neben Gurken bewahrt vor Mehltaubefall und lockt Bienen an.

Tomaten mit Kohl auf einem Beet halten Kohlweißlingsraupen fern.

Bohnenkraut bei Bohnen mindert den Befall von Schwarzer Bohnenlaus.

Zwiebeln bei Erdbeeren vertreiben Schnecken und mindern Grauschimmelbefall.

Knoblauch, Senf, Studenten- und Ringelblumen wehren Nematoden ab.

Kapuzinerkresse am Beetrand zieht die Blattläuse auf sich.

Wenn es dem Nachbarn nicht gefällt

Gemüsearten, die sich auf einem Beet dicht beieinander gegenseitig mehr oder weniger nachteilig beeinflussen, sind:

Bohnen neben Erbsen, Knoblauch, Porree, Zwiebeln.

Erbsen neben Bohnen, Kartoffeln, Knoblauch, Porree, Tomaten, Zwiebeln.

Gurken neben Kartoffeln, Radieschen, Rettich, Tomaten.

Knoblauch neben Bohnen, Erbsen, Kohlarten.

Kohlarten neben Knoblauch, Porree.

Kopfsalat neben Porree, Sellerie.

Porree neben Bohnen, Erbsen, Kohlarten, Kopfsalat, Rote Bete.

Radieschen und Rettich neben Gurken, Zwiebeln.

Rote Bete neben Kartoffeln, Porree.

Sellerie neben Kartoffeln, Kopfsalat.

Tomaten neben Erbsen, Kohlarten, Kartoffeln.

Zwiebeln neben Bohnen, Erbsen, Kohlarten, Radieschen, Rettich.

Petersilie und Suppenkraut

Die besten Tipps für Küchenkräuter und Gewürze

Gewürze und Heilkräuter

Die einjährigen Gewürz-, Duft- und Heilkräuter sät man in die Mischkulturen, wo gerade ein bisschen Platz ist. Viele von ihnen sehen so hübsch aus, dass man sie an den Rand der Staudenrabatte oder in die Blumenwiese stellen kann.

Von Andorn bis Anis

Brustkraut, Mariennessel, Weißen Dorant oder Andorn pflanzt man an warmen Stellen auf tiefgründigen, trockenen, humosen, kalkhaltigen Boden im April. Sind die Blüten aufgegangen, schneidet man höhere Triebteile ab und trocknet sie luftig im Schatten. Der Tee hat viele heilsame und beruhigende Wirkungen.

Anissamen werden voll ausgereift geerntet. Zur Ernte reißt man die Pflanzen aus und hängt sie umgekehrt im Freien schattig auf, damit die Seitendolden vollends ausreifen. Danach lassen sich die Körner leicht herausklopfen. Sie haben Heilkräfte und verfeinern Backwaren, Salate, Soßen und Gemüse.

Von Baldrian bis Borretsch

Baldrian wächst in lockeren, tiefgründigen Böden. Die Wurzeln zweijähriger Pflanzen sind am gehaltvollsten, wenn sie ausgegraben werden, bevor die Blätter treiben. Sie werden zum Trocknen aufgehängt und im Backofen bei 35 bis 40 °C nachgetrocknet.

Unter Ziergehölzen und auf der schattigen Blumenwiese schmücken weiße Blütendolden im Mai und Juni 40 cm hoch den Bärlauch. In den Blättern sind ätherisches Öl und der antibiotisch wirksame Stoff Allicin enthalten. Das frische Kraut wird fein gehackt in Quark oder anderen Brotaufstrich gemischt oder würzt Salate.

Zum Würzen werden junge Blätter vom Basilikum gepflückt, ohne die Stängel voll zu entlauben. Am stärksten ist ihr Aroma kurz vor der Blüte. Da sie getrocknet schnell ihre Würzkraft verlieren, werden sie besser tiefgekühlt oder in Essig oder Öl eingelegt.

Beifuß, der wilde Wermut, wird bis zu 2 m hoch. Seine jungen Blätter und geschlossenen Blütenknospen werden im Freien luftig getrocknet. Sie behalten ihre ätherischen Öle und Bitterstoffe, wenn sie luftdicht aufbewahrt werden.

Beinwell ist eine der ältesten Heilpflanzen mit blutstillender, entzündungshemmender Wirkung. Das Bundesgesundheitsamt warnt allerdings davor, aus den Wurzeln einen Tee zu bereiten, weil darin giftige Alkaloide enthalten sind.

Die Wurzeln werden im Frühjahr oder Herbst ausgegraben, längs aufgeschnitten und bei maximal 40 °C auf einer Schnur getrocknet. In luftdichten Gläsern kann man sie länger aufbewahren.

Bohnenkraut ist eines der volkstümlichsten Gewürze, so derb im Geschmack, dass es in der Diätküche Pfeffer und Salz ersetzen kann. Das Kraut wird vor der Blüte geschnitten und in frischer Luft getrocknet. Wenn es in Öl eingelegt wird, behält es seine Würzkraft am längsten.

Borretsch ist mehr als Gurkenkraut. In den jungen Blättern sind ätherische Öle, Gerbstoffe und viele Minerale enthalten, die nervöse Herzbeschwerden erleichtern, blutreinigend und fiebersenkend wirken.

*

Von Dill bis Dost

Dill ist als frisches Kraut für viele Gerichte absolut unentbehrlich, weil es das Aroma bestimmende Gewürz ist. Außerdem gibt es für Dillöl etliche Heilanzeigen. Die ganzen Pflanzen lässt man trocknen, sobald die Samen anfangen, braun zu werden. Dillsamen sind wie Kümmel eine allround-Magenmedizin.

Wilder Majoran oder Dost wirkt ebenfalls heilsam auf Verdauung, Erkältungen und Entzündungen. Von den Stauden werden nur die oberen verzweigten Stengelteile mit den büschelförmig angeordneten, offenen Blüten gesammelt und im Schatten bei unter 35 °C getrocknet.

Von Engelwurz bis Estragon

Angelika, die Engelwurz, ist leicht mit dem schwer giftigen Wasserschierling zu verwechseln. Deshalb sollte man sie nie im Freien sammeln, sondern eine der bis zu 2 m hohen Stauden in den Halbschatten pflanzen. Ihr kräftiger Honigduft lockt ganze Bienenschwärme an; die Blätter duften nach Moschus.

In Blättern, Blüten, Samen, Stängeln und Wurzeln sind ätherische Öle, Gerb- und Bitterstoffe enthalten, die Engelwurz zur Magenmedizin machen, die gleichzeitig Husten und Erkältungen lindert.

Junge Triebe und Blätter vom Estragon können das ganze Jahr über abgepflückt werden. Die Haupternte beginnt kurz vor der Blüte, um die gebündelten Triebe zu trocknen. Besser erhalten sich seine ätherischen Öle tief gefroren oder in Öl.

Von Hopfen bis Johanniskraut

Die weiblichen Blüten des Hopfens werden vor ihrer vollen Reife im Spätsommer so abgeerntet, dass die drüsenbesetzten Schuppen nicht verloren gehen. Wenn sie nachgetrocknet sind, kann man die Blätter absieben und die Drüsen allein als gelbes Pulver gewinnen. Darin sind Bitterstoffe, Harze, ätherische Öle, Gerbstoffe und Flavonoide enthalten, die beruhigend wirken.

Immergrün verzögert das Verkalken, weil sein Wirkstoff Vincamin die Hirndurchblutung fördert, wenn man jeden Abend 1 Tasse Aufguss trinkt, in dem 1 gestrichener Teelöffel mit kochendem Wasser übergossen 5 Minuten gezogen hat.

Johanniskraut ist besser als Valium, wenn man 8 Wochen täglich zwei- oder dreimal 1 Tasse Tee trinkt, die aus 1 gehäuften Teelöffel Kraut kalt angesetzt, aufgekocht und nach 2 Minuten abgeseiht wird.

Von Kamille bis Kümmel

Kurz nach dem Aufblühen pflückt man Kamillenblüten mit kurzem Stängel und lässt sie dünn ausgebreitet trocknen. Innerlich wirken die vielen Inhaltsstoffe sehr schnell bei Magenleiden und zugleich beruhigend, entzündungshemmend, entkrampfend.

Schon 6 bis 8 Wochen nach der Aussaat im März ins Freiland (Lichtkeimer) sind die ersten Blättchen des Kerbels Ernte reif. Blütenknospen schneidet man frühzeitig heraus, sonst werden die Blätter hart.

Ursache starker Würz- und Heilkraft des Knoblauchs ist ein ätherisches Öl mit antibakterieller und antibiotischer Wirkung (Allicin). Mit einigen anderen Wirkstoffen ist Knoblauch weniger Allheilmittel als allgemein gesundheitsfördernd.

Das junge Kraut des Korianders wird vor der Blüte portionsweise abgenommen, um Salate, Gemüse und Fleischgerichte zu würzen. Die Fruchtstände werden vor der Vollreife noch taufeucht so abgeschnitten, dass sie gebündelt sonnig ausreifen können.

Von Juni bis September werden die krummen Körner des Kümmels eingebracht, solange sie morgens noch feucht sind. Auf einer Unterlage lässt man sie nachtrocknen, bevor sie in Gefäßen verschlossen werden.

Von Lavendel bis Liebstöckel

Lavendel blüht von Juni bis August 100 cm hoch ährenähnlich in lockeren Scheinquirlen. Solange die Blüten noch nicht voll aufgegangen sind, enthalten die Pflanzen das meiste ätherische Öl, das beruhigt, anregt, Schmerzen stillt, als Badezusatz und in Salben verwendet wird.

Die Blätter des Liebstöckels werden als Maggikraut von Mai bis Oktober bedarfsweise gepflückt. Die Wurzeln gräbt man zu Heilzwecken im Herbst aus, halbiert sie längs und hängt sie bei unter 40 °C zum Trocknen auf. Sie werden fein zermahlen und behalten ihr Aroma, wenn sie in einem fest verschlossenen Glas aufbewahrt werden.

Von Majoran bis Melissengeist

Unter dem Modenamen Origanum ist der Majoran eins der Hauptgewürze geworden. Er wird kurz vor der Hauptblüte von Juni bis September vormittags ab 10 Uhr knapp über dem Boden abgeschnitten.

Die frischen Blätter der Mariendistel können als Salat zubereitet, die Wurzeln wie die Blütenknospen gekocht werden. Die trockenen Samen lindern Fieber, Ischias, Leberschäden, Rheuma und Krampfadern, wenn 1 Teelöffel in ¼ l kochendem Wasser 20 Minuten gezogen hat. Mit der Samenernte wartet man, bis die Früchte einen kleinen Rand heller Haare bekommen.

Meerrettich ist äußerst herzhaft; denn sein Wirkstoff Sinigrin wandelt sich in antibakterielles Senföl um. Wer täglich 10 bis 20 g davon isst, bekommt im Leben keine Grippe.

Melissengeist ist als Mutterkraut bekannt, weil er Gereiztheit beruhigt und Regelstörungen mildert. Die Triebe werden geschnitten, bevor die Blüten sich öffnen, und gebündelt getrocknet.

Von Petersilie bis Portulak

Wurzel- oder Knollen-, Blatt- oder Schnittpetersilie sind hervorragende Vitaminspender in allen Jahreszeiten: A, E, B1+2, C und Folsäure.

Besser als konservierte Blätter ist das Treiben aus Rüben oder Julisaat.

In den Blättern der Echten Pfefferminze sind ätherische Öle mit bis zu 60 % Menthol enthalten. Die höchsten Gehalte all der flüchtigen Wirkstoffe finden sich kurz vor der Blütezeit in den Blättern, morgens mehr als abends.

Der Kleine Wiesenknopf Pimpernell verliert getrocknet viel von seinem Aroma. Deshalb werden die jungen Blätter frisch verwendet, eingefroren, in Essig, Öl, Salz oder Zitronensaft eingelegt.

Der Portulak kann 4 Wochen nach der Aussaat in leicht sandigem Boden erstmals geschnitten werden. Blätter und junge Triebe sind nur frisch wertvoll, deshalb dürfen sie auf keinen Fall mitgekocht werden.

Rosmarin

Rosmarin lässt man besser in Töpfen wachsen, weil er keinen Frost verträgt. Das ätherische Öl in den nadelfeinen Blättern regt den Kreislauf an und vieles mehr, wenn abends und morgens 1 Tasse mit 1 gestrichenen Teelöffel kalt angesetzt, kurz aufgekocht und abgesiebt getrunken wird.

Von Salbei bis Senf

Das frische Grün an den Triebspitzen des Salbeis wird solange geerntet, wie es nachwächst. Die Haupternte dieses »Allesheilenden« wird eingebracht, bevor sich die Blüten öffnen.

Schnittlauch mit 47 mg Vitamin C in 100 g Blattröhren und hohen Mineralwerten ist wertvoll für eine gesunde, appetitanregende Ernährung. Die Senföle regeln den Blutdruck, wirken harntreibend und antiseptisch.

Sellerieblätter braucht man für Salate, Mayonnaisen, Kartoffelgerichte, doch sollte man sie nie vom Knollensellerie abpflücken (der braucht sie selber), sondern Schnittsellerie in Folgen aussäen. Bei der Blatternte schont man die Herzblätter, damit sie weiter zügig treiben. Sie sollten immer nur frisch verwendet werden.

Die Samen des Weißen Senfs sind etwas größer, aber milder als die des Schwarzen. Die dunklen Samen haben aber eine höhere Heilwirkung, vor allem äußerlich mit Wickeln und Umschlägen bei Gelenk- und Muskelschmerzen, Ischias und Gicht, rheumatischen und entzündlichen Beschwerden.

Thymian

Die Triebspitzen des Thymians werden geerntet, kurz bevor die Blüten aufgehen. Gegen Mittag sind sie am höchsten mit ätherischen Ölen angereichert. Sie wirken antiseptisch und krampflösend in Atemwegen und Verdauungsorganen.

*

Von Waldmeister bis Wermut

Waldmeister wird hauptsächlich in der Bowle getrunken, doch nur in Maßen, denn in seiner Trockensubstanz ist 1 % Cumarin enthalten. Deshalb darf man in 1 l nicht mehr als 3,5 g Waldmeistergrün ziehen lassen.

Weinraute würzt mit frischen oder getrockneten Blattspitzen Fleischgerichte, Salate und den italienischen Grappa. Sie gedeiht in Sonne auf trockenen, kalkhaltigen Böden, wenn sie im März oder April in sandige Erde gesät und ab Mai auf 30 mal 25 cm ins Freie gepflanzt wird.

Wermut gegen Magenbeschwerden, Grippe, Fieber und Würmer wird aus 1 Teelöffel Droge in ¼ l kochendem Wasser bereitet und nach 10 Minuten abgeseiht, aber nicht mehr als 3 Tassen täglich. Bei der Haupternte zwischen Mai und August nimmt man die Blütenrispen mit. Danach wird auf eine Handbreit zurückgeschnitten, damit die mehrjährigen Sträucher erneut treiben.

*

Von Ysop bis Zitronenmelisse

Im ersten Jahr werden von jungen Pflanzen des Ysops nur einzelne Blätter abgenommen, später die ganzen blühenden Halbsträucher eine Handbreit über dem Boden abgeschnitten. Beim Trocknen verlieren sie viel; deshalb sollte man einen Vorrat besser einfrieren oder in Öl einlegen. Die ätherischen Öle, Gerb- und Bitterstoffe werden gegen Erkrankungen im Atem- und Verdauungsbereich verschrieben.

Zitronenmelisse enthält am frühen Nachmittag das meiste ätherische Melissenöl mit Citronellal. Die jungen Blätter und Triebspitzen werden gepflückt, bevor die Blüten ab Juli aufgehen. Sie haben eine beruhigende Wirkung auf Nerven, Schmerzen, Krämpfe, Herz und Kreislauf.

Gehn wir in den Garten, schütteln wir die Birn …

Die besten Tipps für ertragreiche Obstbäume

Den Boden nicht nackt liegen lassen

Sind die Bäume gut eingewurzelt und wachsen zügig, sät man zuerst reinen Weißklee ein, später ein Gemenge, und zwar: für schwere Böden auf 100 m^2 120 g Wiesenschwingel, 60 g Lieschgras, 60 g Deutsches Weidelgras, 60 g Oldenburgisches Weidelgras, 30 g Weißklee.

Für leichte Böden: 20 g Wiesenschwingel, 160 g Deutsches Weidelgras, 100 g Oldenburgisches Weidelgras, 20 g Weißklee.

Mehr Fallobst auf Grasland

Obstbäume in Grasland werfen mehr Früchte ab, weil das Gras zu viel Wasser wegnimmt, wenn die Halme länger als 20 cm stehen bleiben.

Damit genug Nährstoffe an die Wurzeln kommen, müssen Löcher im Bereich der äußeren Kronentraufe gestoßen und regelmäßig mit nährstoffgesättigtem Wasser gefüllt werden.

Zur Unterflurdüngung kann auch unter der Kronentraufe ein Ring Rasensoden abgestochen, umgeklappt, in den Ring gegossen und gedüngt werden.

Bessere Ernten mit Grasmulch

Besser ist Grasmulch, um die Verdunstung erst gar nicht zuzulassen, und Gras wächst darunter nicht.

Das Mulchmaterial soll mindestens eine Handbreit vom Stammgrund entfernt bleiben, damit die Rinde nicht verweichlicht und angefressen wird.

Eisen lässt Äpfel wachsen

Der Fruchtertrag von Apfelbäumen verbessert sich, wenn im Bereich der Kronentraufe und einige Handbreit darüber hinaus Eisenfeilspäne in der Oberkrume untergegraben werden.

Wachshemmung fördert Fruchtansatz

Dauert es zu lange, bis die frisch gepflanzten Obstbäume fruchten, können einzelne Zweige heruntergebunden werden, so dass das Wachstum gehemmt wird.

*

Strangulieren staut den Saft

Rabiater ist das Abschnüren der Hauptäste, womit der Saftrückfluss gestaut werden soll. Unter den Draht wird ein Blech gelegt, damit er nicht einwächst.

Ringe aus der Rinde schneiden

Am weitesten geht das Ringeln, wobei ein 1 bis 2 cm breiter Streifen Rinde aus den Hauptästen geschnitten und mit Wundwachs verstrichen wird.

Noch radikaler ist ein Ring um den Stamm unterhalb der Kronenäste; dabei lässt man allerdings zwei daumenstarke Brücken stehen, um den Schock zu mildern. Geringelt wird im Frühsommer.

Süßkirschen befruchten Sauerkirschen

Sauerkirschsorten, die nicht oder nur unvollkommen vom eigenen Pollen befruchtet werden, lassen sich willig von Süßkirschen befruchten.

Ist der Garten für einen Süßkirschhochstamm nicht groß genug, kann der Ast einer Süßkirsche als

Stammverlängerung auf den Sauerkirschbaum aufgepfropft werden.

Pfirsiche aus Kernen ziehen

Proskauer Pfirsich, Kernechter, Roter und Weißer Ellerstädter können aus Samen gezogen werden.

Die Kerne werden geknackt, ohne die Embryonen zu beschädigen, dann lässt man sie 48 Stunden in reinem Wasser von 10 °C aufquellen.

Einen Blumentopf füllt man bis zur Hälfte mit Sand, legt darauf eine Schicht Pfirsichkerne, füllt auf und vergräbt den Topf etwa 20 cm tief.

Bei etwa 8 bis 12 °C brauchen Pfirsichkerne 14 bis 16 Wochen, bis die keimungsfördernden Stoffe mobilisiert sind. Ausgesät wird im Frühjahr 5 bis 6 cm tief an einem vollsonnigen Platz, der mit Humus gründlich vorbereitet wurde.

Wenn sich Edelsorten freimachen

Hat die Edelsorte oberhalb der Veredelungsstelle Wurzeln gebildet, kann bei stark wachsenden Sorten ein riesiges Triebwachstum einsetzen und die Ernte erheblich verzögern.

Darum wird um den Stammgrund eine Mulde gegraben, und alle Wurzeln der Edelsorte müssen so durchtrennt werden, dass keine neuen Ausschläge möglich sind.

Spalierobst nicht austrocknen lassen

Besonders wichtig sind Bodendecke und zusätzliche Wassergaben für Obstspaliere an Mauern, die viel Regen abhalten, den Wurzelraum einseitig begrenzen und in der gestauten Sonnenhitze einen viel höheren Verbrauch verursachen.

Baumwurzeln bleiben im Rahmen

Mit Düngen, Wässern und Bodendecke kann man die Obstbaumwurzeln in engen Grenzen halten; denn wenn sie nahe beim Stamm alles finden, gibt es keinen Grund für sie, weiter auszugreifen.

Der Kronenschnitt begrenzt ebenfalls das Wurzelwachstum, ohne dass damit die Ertragsleistung gemindert würde, wenn man für optimale Verhältnisse auf der Baumscheibe sorgt.

Schneiden macht jung

Je weniger eine Obstbaumkrone geschnitten wird, umso eher vergreist sie, bei Buschbäumen bereits nach ungefähr 10 Jahren. Mit einem Verjüngungsschnitt bis auf halbe Kronenhöhe und kräftigem Auslichten sind noch hohe Erträge zu erzwingen.

Der Abwurfwinkel von Apfelbäumen und Zwetschgen liegt zwischen 90 und 110 °, gemessen an der Spitze des Mitteltriebes nach beiden Seiten.

Birnen, Pflaumen und Kirschen werden steiler auf 70 bis 90 ° gekappt.

Der erste Schnitt ins Pflanzenleben

Bevor Obstbäume gepflanzt werden, müssen sie radikal zurückgeschnitten werden, damit die wenigen Würzelchen die austreibenden Blätter ausreichend versorgen können.

Für den Pflanzschnitt sucht man sich eine untere, schwach entwickelte Serie von drei Seitentrieben aus, die in flachem Winkel aus dem Stamm herauswachsen und nach allen Himmelsrichtungen gleichmäßig verteilt sind, und entfernt alle anderen.

Diese Leitäste bilden später das Gerüst der Krone. Sie werden mit Drahtkordel, Spreizholz oder Kronenformer in die Waagerechte heruntergebogen. Der Baum reagiert darauf mit schwachem Zuwachs und bildet im nächsten Jahr erste Blütenknospen.

Schnittmuster sind anregend

Um schlafende Augen an der gewünschten Stelle austreiben zu lassen, schneidet man im Frühjahr oberhalb dieser Knospen die Rinde halbmondförmig ein. Das muss so tief gehen, dass ein kleiner Span des Holzes mit herausspringt. Der Nährsalzstrom staut sich und löst den Austrieb aus.

Hochstämmige Obstbäume, deren Stamm für die Krone zu schwach entwickelt ist, kann man zu Dickenwachstum anregen, indem die Rinde im Frühjahr schräg zur Stammachse oder parallel dazu in

Abständen von 5 bis 10 cm etwa 12 bis 20 cm lang bis aufs Holz eingeschnitten wird.

Zu empfehlen sind solche Schnittmuster im Rindenmantel bei größeren Stammwunden. Durch die ausgelösten Wachstumsreize werden Wundflächen schneller überwallt.

Was du im Sommer kannst besorgen

Über die Hälfte des gesamten Obstbaumschnitts lässt sich im Sommer vorwegnehmen. Im belaubten Zustand sieht man besser, wie stark ausgelichtet werden muss.

Die Bäume büßen weniger Energie ein, wenn alle überflüssigen Triebe, Wasserreiser, Stammausschläge, Konkurrenztriebe, steile und nach innen wachsende Zweige an der Entstehungsstelle so früh wie möglich weggeschnitten werden.

Baumwachs lässt Wunden zuwachsen

Wird Kerzenwachs mit Lein- oder Olivenöl zusammen geschmolzen, ist es streichfähig und kann als Baumwachs verwendet werden.

Oder: Eine Mischung aus 3 Teilen Hammeltalg und 2 Teilen Pech mit 35 Teilen Fichtenharz rührt man angewärmt in 10 Teile Spiritus ein.

Nach Unwettern mit Astbruch und Hagelschlag müssen die Obstbäume auf Wunden untersucht werden. Bruchstellen und andere Verletzungen werden glatt geschnitten und mit Baumwachs verstrichen.

Von den Pyramiden zur Spindel

Die Pyramidenkrone ist im Garten am häufigsten, aber gerade für die beliebtesten Tafeläpfel nicht geeignet. Sie sieht besonders typisch aus, trägt aber nicht rentabel.

Kleine Baumformen auf schwach wachsender Unterlage sind für den Garten zweckmäßiger. Sie werden in Spindelform gezogen, bei der aus dem Stamm in lockerer Folge flache Fruchtäste wachsen.

Für wüchsige Obstsorten auf stark wachsenden Unterlagen ist die Spindelform nicht brauchbar, weil ein großes Astgerüst nötig ist, um den Wachstumsdruck abzufangen. Hier hilft die Hohlkrone aus drei oder vier weit gestellten Seitenleitästen.

Birnen nicht höher als 6 Meter

Birnenjungpflanzen als zweijährige Veredelung meist auf Quitte A sollen nicht höher als 6 m wachsen, und zwar mit flachen Fruchtästen, die nicht geschnitten werden.

Deshalb entfernt man alle 5 bis 6 Jahre alles, was darüber hinausgewachsen ist, sowie alle steilen Triebe und Wasserschosse.

Die meisten Birnensorten brauchen 8 bis 10 Jahre, bevor sie regelmäßig fruchten, ausgenommen ›Williams Christ‹, ›Conference‹ und ›Clapps Liebling‹. Sie müssen mit gezieltem Schnitt klein gehalten werden.

Die ertragreichste Baumform ist der Spindelbusch. In vielen Versuchsjahren hat diese Baumform die doppelten Erträge verglichen mit Normalschnitt eingebracht.

Auf flach gestellten Ästen sitzen besonders viele Reiter (Wasserreiser). Sie sollten im Sommer laufend weggeschnitten werden, um die Blattfläche zu verringern.

Viel Steinobst gab's

Sauerkirschen fruchten an langen, einjährigen Trieben, die im zweiten Jahr total verkahlen. Damit der Baum nicht zur Trauerkirsche wird, muss nach der Ernte alles abgetragene Holz entfernt werden.

Süßkirschen tragen an zweijährigen Trieben, die man nach der Kronenerziehung nahezu ungestört wachsen lassen kann. Nur eins ist ständig zu überwachen:

Aus dem zwei- und mehrjährigen Holz entwickeln sich meist kurze, aber dichte Triebe in Quirlen oder Buketts. Diese müssen ausgelichtet werden.

Famose Aprikose

Ähnlich wie bei Pflaumen und Zwetschgen wird das Fruchtholz bereits nach der Ernte im Spätsommer runderneuert. Dieser Zeitpunkt ist wichtig, um größere Schnittstellen vor Gummifluss zu schützen.

*

Das sind doch alles Pflaumen

Pflaumen, Zwetschgen, Mirabellen und Renekloden setzt man am besten eine Pyramidenkrone auf, die aus vier oder fünf Seitenleitästen besteht. Darüber werden in lockerer Folge einige flache Fruchtäste angeordnet.

Die frühe Blüte wird häufig von Spätfrösten ausgedünnt. Es ist deshalb unter Umständen zweckmäßiger, die Krone jahrelang ungeschnitten zu lassen, ohne dass der Ertrag nennenswert sinkt.

Ehe die Krone völlig vergreist, kann man sie verjüngen, indem die Leitäste auf untere Verzweigungen abgesetzt werden.

Brombeeren, Himbeeren, Stachelbeeren

Die besten Tipps für gutes Beerenobst

Erdbeeren modern anbauen

Im modernen Anbau stellt man die Reihen sehr eng auf 20 bis 25 cm und hackt im zweiten Jahr jede zweite Reihe heraus.

Nach der Ernte kann man die Blätter abmähen, weil sie auf die neue Knospenbildung hemmend wirken.

In diesem Fall müssen die bloßliegenden Pflanzenherzen vor der Witterung anderweitig geschützt werden, am besten durch Holzwolle oder Stroh.

Die Pflanzung in flach auf der Erde liegende Schwarzfolie hat sich noch besser bewährt, weil die Bodendecke jede einzelne Pflanze voll einschließt.

Frostschutz unter Eis

Bei wenigen Frostgraden in der Erdbeerblüte genügt es, abends den Schlauch zwischen die Reihen zu legen und das Wasser langsam laufen zu lassen. Darüber baut sich bei Windstille erhöhte Luftfeuchtigkeit auf, die auf den Pflanzen kondensiert und sie wärmt.

Werden stündlich 2 bis 3 mm Wasser aus dem Rasensprenger verteilt, schützt der Eispanzer bis zu minus 7 °C. Man beginnt bei 0 °C und hört nicht auf, bis die Blätter abtauen.

Frost während der Blütezeit

Spätfrost in der Blütezeit schädigt vor allem die bodennahen Blüten, weil Kaltluft schwer ist und der Frost aus dem Boden in klaren Nächten hinzukommt.

Dennoch sind es nur wenige Grad unter Null, die sich durch Folien, Feuer und Eis fern halten lassen.

Werden Sträucher zusammengebunden, gibt das schon bis zu 4 °C Schutz.

Johannisbeeren in V-Form

Erheblich höhere Erträge liefert die neue Form, Johannisbeeren zu ziehen, als Hecke zwischen Doppeldrähten.

Aus Holland kommt eine Heckenform, die der von Himbeeren ähnelt, mit einer Pflanzweite von 50 cm.

Jede Pflanze behält nur 1 Bodentrieb, der 8 Jahre trägt. Die Wände werden 2 m hoch und sind ideale Trennhecken.

Schwarze Johannisbeeren in intensiver Pflanzung stehen auf 1 m Abstand mit 4 bis 8 Bodentrieben, die 1 bis 3 Jahre alt sind. Also muss jedes dritte Jahr streng ausgelichtet werden.

Johannisbeeren werden grundsätzlich erst nach der winterlichen Kälte geschnitten, soweit das nicht bereits im August nach der Ernte geschehen ist. Bei roten Sorten dürfen 6 oder 7 starke Triebe stehen bleiben.

An ein- bis dreijährigen Bodentrieben der Schwarzen Johannisbeeren sitzen die längsten Trauben mit den dicksten Beeren. Ein Strauch ist dann locker genug aufgebaut, wenn 8 bis 10 Gerüsttriebe stehen bleiben, die 3 bis 5 Jahre alt sind.

Stämmchen schützen vor Stacheln

Fuß-, Halb- oder Hochstämmchen halten die fruchtschweren Zweige der Stachelbeeren sauber und sind leicht abzuernten.

Das Kronengerüst der Stachelbeeren hält man locker mit 5 oder 6 Haupttrieben, die gut mit Fruchtholz bekleidet und nicht älter als 3 Jahre sind. Hochstämmchen müssen strenger geschnitten, also eingekürzt werden.

Werden Jungtriebe zu lang, kürzt man sie ein, ebenso alle Triebspitzen, auf denen Amerikanischer Mehltau auftritt.

Beerenobststämmchen mit Wassersucht

Hochstämmchen bekommen wasserhaltige Gewebewucherungen an der Veredelungsstelle, wenn die Krone zu klein oder schwach ist, so dass der Saftstrom nicht vollständig aufgebraucht, sondern gestaut wird. Damit die Kronen nicht brechen, muss weniger gedüngt, der Wurzelballen verkleinert und in feuchten Zeiten mit Folie für trockeneren Boden gesorgt werden. Auch dichter Graswuchs hilft.

Da solche Erscheinungen oft erst nach Jahren auftreten, empfiehlt es sich, an solchen Stellen keine Hochstämmchen, sondern normale Johannis- oder Stachelbeersträucher zu pflanzen.

Himbeeren lohnen wieder

Die neuen virusfreien Himbeersorten haben den Anbau auch im Garten wieder lohnend gemacht.

Um der Rutenkrankheit zu entgehen, werden alle abgetragenen Ruten unmittelbar nach der Ernte bis auf die Erde zurückgeschnitten, außerdem alle schwächlichen Neutriebe, so dass jeder Pflanze nur 5 bis 6 kräftige Ruten bleiben.

Als Waldpflanzen wünschen sie sich eine dicke Humusdecke, die jeden Herbst erneuert wird.

Nach 10 Jahren wird die ganze Reihe erneuert, da die Früchte von Jahr zu Jahr kleiner werden.

Brombeeren ohne Dornen

Die starkwüchsigen, dornenbewehrten Triebe früherer Brombeersorten sind selbst am dreifach gespannten Drahtgerüst nur mühsam und schmerzlich im Rahmen zu halten.

Besser sind aufrecht wie Himbeeren wachsende dornenlose Sorten, die vor dem Austrieb im Frühjahr auf 1,50 m zurückgeschnitten werden.

Aufrecht wachsende Brombeeren werden wie Himbeeren geschnitten. Jeder Pflanze belässt man 4 bis 6 vorjährige und ebenso viele diesjährige Ruten.

Rankende Sorten müssen ungeheuer geschnitten werden: Alles abgetragene Holz und die Seitentriebe aus den Blattachseln.

Von den Seitentrieben kann ein Auge stehen bleiben, der Austrieb wird im Sommer auf 3 Blätter gekürzt.

Ausgewachsene Pflanzen behalten je nach Platz 3 oder 4 Bodentriebe, höchstens 6, die auf 3 bis 4 m gehalten werden.

Nach der Ernte werden alle vorjährigen Ranken mit der Astschere dicht über dem Boden ohne Stummel gekappt.

Im Winter schneidet man alle Bodentriebe auf 2 m zurück. An ihnen entstehen im Sommer Seitentriebe, die auf 12 Augen gestummelt werden.

*

Heidelbeeren

Bei Sortenvergleichen hat sich ›Berkeley‹ 7 Jahre lang als ertragsreichste Kulturheidelbeere erwiesen. Die Reifezeit dauert ab Anfang August 3 bis 4 Wochen und bringt hohe Erträge sehr dicker, fester, hellblauer Beeren. Bei Trockenheit rieseln sie.

Die Sträucher brauchen niedrige pH-Werte, so dass ihr Wurzelraum tief hinunter abgeschottet und in saurem Zustand gehalten werden muss.

Als Setzlinge braucht man 3- bis 4-jährige Jungpflanzen, damit sie im zweiten Jahr tragen, und das 30 Jahre lang bis 10 kg pro Strauch.

Holunder

Aus wildem Holunder sind Kultursorten gezüchtet worden, die unter Namen wie ›Haschberg‹ oder ›Hamburg‹ in Baumschulen zu bekommen sind.

Neue Holundersorten reifen erst, wenn die Stare bereits abgeflogen sind, so dass sie ohne Verluste wochenlang geerntet werden können.

Gegen andere Schädlinge und Krankheiten sind die robusten Sträucher bisher immun geblieben.

Nach der Blüte muss viel gegossen werden, sonst rieseln die Beeren. Ohne Fremdbefruchtung erreicht man 30 bis 45 kg Früchte pro Strauch. Sie werden als ganze Trauben abgeschnitten, nachdem sie schwarzblau gefärbt sind, und sofort ausgepresst, sonst vergeht der Säuregehalt.

Gegen Schnitt sind Holundersträucher regelrecht empfindlich, so dass man sie wachsen lassen muss, wie's kommt. Die Früchte sind vielseitig verwendbar, nicht nur zu zahlreichen Obstgerichten, sondern als Heilmittel bei Erkältungen, Grippe und Zahnschmerzen.

»Erntesegen« von Preiselbeeren

In Moorgebieten bei Uchte ist eine besonders großbeerige Wildsippe gefunden worden, die als ›Erntesegen‹ im Handel ist. Sie trägt reich und regelmäßig walzenförmige, hellrote Beeren, die mild aromatisch schmecken.

Eine Auslese holländischer Wildvorkommen heißt ›Koralle‹. Sie trägt mittelfrüh, und bringt hohe bis sehr hohe Erntemengen von mittelgroßen, ovalen, hellroten Beeren, die in Trauben von fünf bis zwölf Früchten an 30 cm langen, leicht überhängenden Zweigen heranreifen.

Die wintergrünen Zwergsträucher sind mit leichtesten Sandböden in voller Sonne zufrieden. Ist der pH-Wert niedrig genug, spielt die Bodenart keine Rolle.

Die Wildbeeren sind im Gegensatz zu den meisten anderen monatelang lagerfähig, in reifem Zustand rot, mitunter fast schwarz gefärbt. Das feste, knackige, angenehm süße Fleisch ist sehr gesund.

Schließlich gibt es nicht nur Äpfel und Birnen

Die besten Tipps zu exotischen Früchten

Von Apfelbeeren und anderen

Die Apfelbeere oder Schwarze Eberesche lässt sich aus den vielen Bodentrieben und Ausläufern regelmäßig von unten her verjüngen. Die Sorte ›Nero‹ wächst stärker auch in rauen Lagen und trägt bis zu ein Viertel mehr größere Früchte.

Die scharlachroten Beeren der Berberitzen können ab Mitte August mit anderen Fruchtsäften zu pikantem Gelee verkocht werden. Zu 0,5 l Berberitzensaft fügt man die gleiche Menge Apfel-, Birnen-, Brombeer- oder Holundersaft und 1 kg Zucker.

Fünfmal mehr Vitamin C als frühere Ebereschen liefern die Lombardhybriden mit Sorten wie ›Apricot‹, ›Pink Queen‹, ›Salmon Queen‹, ›Brillant Yellow‹ und ›Chamois Glow‹. Sie werden geerntet, sobald sie sortentypisch ausgefärbt sind und sich weich anfühlen, bevor sie überreif und mehlig werden.

Sie sind gar nicht feige

Essbare Feigen wachsen sogar in Norddeutschland. Sind bei 12 bis 15 °C unter Null ein paar Äste abgefroren, schadet das wenig. Sie treiben umso kräftiger aus dem Wurzelstock und hängen im übernächsten Jahr wieder voller Früchte.

Feigen werden nur von bestimmten Gallwespen bestäubt, die es hier nicht gibt. Also darf man nur solche Zuchtformen pflanzen, die ohne Bestäubung fruchten wie ›Adriatic‹, ›Dottato‹, ›Fraga‹, ›Trojano‹.

Goldgelb ist die Haselnuss

Haselnüsse müssen bis zur Vollreife in ihren napfartigen Hüllen bleiben. Es ist soweit, wenn die Aufsitzfläche und die untere Hälfte der Nussschale braun gefärbt ist.

Hohe Ernten tragen Haselnüsse nur, wenn sie regelmäßig ausgelichtet werden. Wie beim Beerenobst entfernt man alt gewordene Stämme am Boden und lässt nur 6 bis 8 kräftige Jungtriebe stehen.

Die Nüsse bewegt man 2 Wochen lang täglich, damit sie nicht schimmeln.

Die Baumhasel wächst an sonnigen Plätzen bis zu 20 m hoch und liefert essbare Früchte in dicht verwachsenen Fruchtbüscheln.

Bayerische Kiwis

Frosthart, widerstandsfähig und pflegeleicht sind die in München gezüchteten Kiwis, deren Früchte inhaltsreicher und wohl schmeckender sind als alle bisherigen Sorten. Man erntet durchschnittlich 10 kg pro Pflanze.

Allerdings nur, wenn neben den weiblichen Sträuchern ein männlicher Pollenspender steht und viel gegossen wird.

Die Früchte werden gepflückt, wenn die Schale auf Fingerdruck nachgibt. Hartreif geerntete Kiwis reifen bei Zimmertemperatur nach.

Quittegelber Baumwollapfel

Auf Weißdorn-Unterlage stellen Quitten keine Ansprüche an den Boden, bilden kleine Kronen und tragen früh.

Apfelquitten können bis zu 1,5 kg schwer werden und 50 kg pro Baum einbringen. Die ›Portugiesische‹ ist eine der wertvollsten Sorten, sie trägt reiche Ernten großer, birnenförmiger Früchte von auffallend goldgelber Farbe. Ihr Fleisch besitzt das feinste Aroma.

Der Baumwollapfel reift hier nie aus. Sein volles Aroma entwickelt er als Saft, Gelee, Marmelade, Likör oder Quittenbrot. Er hilft bei Darmträgheit, Verstopfung und bei Husten.

Hundsrosen sind eine Obstart

Die größten Scheinfrüchte tragen einfach blühende Rosenarten wie Heckenrosen, Albarosen, *Rosa blanda*, *davidii*, *helenae*, *macrophylla*, *rugosa*, *villosa*, *virginiana*, *willmottiae* und viele andere.

Als Vitaminrose wird *R. pendulina* ›Haematodes‹ bezeichnet. Die Sorte ›Pi Ro 3‹ führt in 100 g Frischsubstanz mindestens 1150 mg Vitamin C.

Tee aus ganzen Früchten wirkt heilend bei Erkältungen, Blasen- und Nierenleiden, wird zur Entschlackung, gegen Rheuma und Gicht getrunken.

Auf Sanddorn gebaut

In den dunkelgelben Früchten sind bis zu 900 mg Vitamin C enthalten, dazu viele andere Wirkstoffe.

Der Saft wird kalt gepresst, um ihn gegen Erkältung und für die Frühjahrskur zu trinken.

Ein Pollenspender auf acht bis zehn weibliche Sträucher genügt, um den reichen Fruchtbehang von August bis Januar auf den Zweigen zu haben.

Die weit ausgreifenden Wurzeln befestigen lockere Böschungen; man muss nur darauf achten, dass die zahlreichen Wurzelsprosse Nachbarpflanzen nicht unterwandern.

Pflaumen aus dem Dornenbusch

Die säuerlich herben, pflaumenähnlichen Früchte der Schlehe sind zwar roh nicht essbar, aber nach dem ersten Frost wird der Geschmack milder. Sie sind hoch gelierfähig und werden deshalb gern in Gelees mit anderen Früchten und auch als Saft, Sirup, Wein oder Likör verwendet.

Die Sträucher wachsen am besten auf kalkhaltigen Mineralböden, auch sie mit flachem, ausgreifendem Wurzelwerk und Bodentrieben, so dass schnell Gebüsche entstehen. Für junge Vogelbrut bieten die stark dornigen, dicht verzweigten Äste einen gut geschützten Nistplatz.

Die Trauben sind nicht zu sauer

Wenn die Sonnenstunden für einen trinkbaren Wein von der Hauswand nicht reichen, sind die Beeren in der Küche verwendbar und von hohem gesundheitlichem Wert (Traubenkur).

Die Pflanzstelle für reblausfeste Weinstöcke wird mehrere Wochen vorher bis zu 100 cm tief ausgehoben und mit langsam verrottendem Humus verbessert.

Die Wurzeln müssen ungebogen darin ausgelegt werden. Tau- und Seitenwurzeln werden ganz, Fußwurzeln auf etwa 15 cm zurückgeschnitten.

Wurzelechte Topfreben vertragen in allen Holzteilen bis 20 °C unter Null; trotzdem wird jeden Herbst hoch angehäufelt.

Das vorstehende Dach hält Regennässe und damit den Befall von Peronospora-Pilzen zurück.

Der Weinstock fruchtet wie das Steinobst am zweijährigen Holz, so dass zum ganzen Rebschnitt nicht mehr gehört als Tragruten auszubilden, an denen viele Trauben hängen.

Das einfachste ist der Zapfenschnitt auf zwei Augen: Aus dem oberen entsprießt während des Sommers die Tragrebe, aus dem unteren die Ersatzrebe.

Zierobst schmückt und schmeckt

Zieräpfel sind durchaus genießbar, vor allem *Malus coronaria* ›Charlottae‹ mit 4 cm dicken, grünen Früchten. *M. pumila* ›John Downie‹ wächst mit starken Trieben bis 8 m hoch und trägt 3 cm dicke, orangefarbene Früchte mit roten Wangen, die gut schmecken.

Felsenbirnen der amerikanischen Art *Amelanchier laevis* sind saftig und süß.

Japanische Zierquitten von feiner Säure gelieren sehr leicht, wenn man sie bis in den Winter hinein an den Zweigen hängen lässt. Sie werden deshalb gern wie Obstquitten zusammen mit Holunderbeeren oder Äpfeln verwertet zu Gelees, Pasten, Säften und Quittenbrot.

Die Ernte ist so gut wie der Keller

Die besten Tipps zur Obst- und Gemüselagerung

Das volle Fruchtaroma

Aprikosen und Pfirsiche entwickeln ihr volles Aroma erst am zweiten Tag nach der Ernte.

Erdbeeren haben den höchsten Gehalt aromatischer Öle, nachdem morgens der Tau abgetrocknet ist, bis gegen 10 Uhr vormittags.

Hauszwetschgen sind lagerfähig

Edelpflaumen und Frühzwetschgen lassen sich nur sehr begrenzt aufbewahren, Hauszwetschgen kann man 6 bis 8 Wochen lagern, falls sie trocken, voll ausgereift, aber noch fest geerntet werden.

Schattenmorellen schneiden oder rupfen

Sauerkirschen kann man pflücken, zupfen oder schneiden. Das Fruchtholz wird geschont, wenn die Stiele mit einer Schere abgeschnitten werden; beim Pflücken mit Stiel werden die Fruchtstielchen mit entfernt, die im nächsten Jahr wieder Knospen bringen.

Allerdings spießen sich die Kirschen häufig gegenseitig mit ihren scharfen Stielenden auf. Deshalb werden immer nur Vollreife Früchte geerntet. Ihr Saft ist so zuckerhaltig, dass sich die Wunden schnell schließen.

Sollen die Kirschen sofort verwertet werden, wird man sie ohne Stiel rupfen. Das schont die nächstjährigen Blütenanlagen ebenfalls, und die am Baum hängen bleibenden Stiele fallen alsbald nach der Ernte ab.

Lagerobst in Wachshülle

Um die hauchdünne Wachsschicht auf den reifen Äpfeln nicht einzukerben, werden die Fingernägel kurz geschnitten, bevor man die Stiele mit einer drehenden Bewegung und leichtem Anheben an der Korkschicht vom Fruchtholz trennt.

In den Knospen direkt daneben sind die nächstjährigen Blüten schon während des Sommers fast vollständig ausgebildet worden. Sie müssen dringend geschont werden.

Gepflückt wird in hohen Kronen in einen Korb, der mit Schaumstoff ausgepolstert ist, oder in glattwandige Plastikgefäße. Sie werden mit einem Haken an einen Ast gehängt, um mit beiden Händen pflücken zu können.

Umpacken aus dem Korb ins Kellerregal ist immer ein Notbehelf. Besser wird das Lagerobst unter dem Baum in Obsthorden sortiert, die auf einem Bock stehen.

In die Horden legt man das Obst nebeneinander, nie übereinander. Eine Unterlage aus weichem Material ist hier nicht gewünscht, weil die Äpfel gut durchlüftet lagern sollen.

Vorratslager richtig vorbereiten

Der Lagerraum für Dauerobst sollte nach Norden oder Nordosten und nicht neben der Heizung liegen, damit er kühl, trocken und nicht zu hell ist.

Ein großes Fenster ist zwar gut für frische Luft, lässt aber zu viel Licht herein. Es wird deshalb dunkel verhängt oder mit Wasserfarbe bestrichen.

Bevor es Winter wird, darf ein Fliegengitter nicht fehlen, weil sich besonders im Herbst viel Ungeziefer von der verlockenden Wärme und den Vorräten angezogen fühlt.

Erst mal gründlich waschen

Schimmelbelag an Wänden und Regalen greift auf das Lagerobst über, wenn diese nicht gründlich gereinigt und mit Dimanin A 0,5 bis 1%ig (50 bis 100 cm^3 auf 10 l Wasser) abgespritzt werden.

Von der Lösung rechnet man etwa 50 cm^3 auf 1 m^2 Wand, je trockener sie ist, umso höher konzentriert. Der Wirkstoff ist für Mensch und Tier unschädlich, reizt weder Haut noch Augen.

Alle Holzteile von Regalen, Lagerkisten und Obsthorden werden in 0,2%ige Dimanin-Lösung getaucht. Das ist wirksamer und müheloser als das Abspritzen der Holzteile mit 50 bis 100 cm^3 je Kiste. Ziegelsteine und Holzklötze, auf denen die Kisten gestapelt werden, legt man in 0,4%ige Lösung.

Fest eingebaute Holzteile können auch mit warmem, 0,4%igem Sodawasser und Schmierseife abgebürstet, gründlich gespült und abgetrocknet werden.

Ein gelungener Anstrich

Nach dem Abtrocknen empfiehlt sich ein Kalk oder Zementmilchanstrich. Auf 10 l Wasser kommen 1 bis

2 kg Schlämmkreide und 100 g Chloramin, damit die Milch nicht dick wird und abblättert.

Lüftung

Nach der gründlichen Reinigung wird lange gelüftet, wobei die Fenster geöffnet werden, um kühle Nachtluft einströmen zu lassen. Steigt die Außenwärme mittags an, schließt man die Fenster. So sollen im Lagerraum etwa 8 °C erreicht werden.

Da zur gleichen Zeit Mäuse ins Haus drängen, werden die Lüftungsöffnungen mit einem Drahtgitter gesichert.

Lagerschorf tritt nicht auf, wenn bis zur Ernte alle 2 bis 3 Wochen mit 1 bis 3 kg Kaliumpermanganat auf 10 l Wasser gespritzt wird.

Ziegel ziehen Wasser an

Die relative Luftfeuchtigkeit soll in der gleichen Zeit auf 80 bis 85 % eingestellt werden. Im Lager, das mit Frischluft gekühlt wird, erreicht man das schon mit einer Lage Ziegelsteinen, die auf dem Kellerboden in Sand verlegt werden.

Schutz mit Schaum

Das Lagerklima lässt sich mit Hartschaumplatten verbessern, die man an die Wände klebt. 1 cm Schaumstoff entspricht in seiner Wärme dämmenden Wirkung etwa 20 cm Vollziegelmauer.

Eine Schaumschicht von 2 cm genügt, um die in der Nacht eingeströmte Kaltluft zu speichern. Sie ist vor allem da unverzichtbar, wo Heizungsrohre laufen.

Lagerobst sollte nicht mit Kartoffeln, Kopfkohl oder gar Sauerkraut zusammen in einem Raum lagern. Das Äthylengas der reifenden Äpfel verkürzt die Haltbarkeit anderer Vorräte. Umgekehrt übertragen sich deren Ausdünstungen auf das Obst.

Die letzte Reife

Nur vollkommen gesunde, unbeschädigte, mittelgroße Früchte sind lagerfähig. Vor dem Verzehr müssen sie einige Tage nachreifen.

Es gibt Apfelsorten, die erst nach wochenlangem Lagern wirklich reif werden wie die ›Kanada-Renette‹und der ›Weiße Winter-Calvill‹. Sie sind für den Obstbau im Hausgarten zum Frischverzehr ungeeignet.

Lageräpfel lässt man nie länger liegen als bis zu ihrer Genussreife, das ist bei ›Jakob Lebel‹ und ›Landsberger Renette‹ bis Mitte Februar; bei ›Gelber Edelapfel‹ und ›Goldparmäne‹ bis Ende Februar; bei ›Cox Orangen-Renette‹ bis Mitte März; bei ›Kaiser Wilhelm‹, ›Boskop‹, ›Nordhausen‹ und ›Zuccalmaglio-Renette‹ bis Mitte April; bei ›Ontaria‹ und ›Bohnapfel‹ bis in den Juni hinein.

Register

A

B

L

S